シリーズ「遺跡を学ぶ」084

斉明天皇の石湯行宮か

久米官衙遺跡群

橋本雄一

新泉社

斉明天皇の石湯行宮か
―久米官衙遺跡群―

橋本雄一

【目次】

装幀　新谷雅宣
本文図版　松澤利絵

第1章　王家と深くかかわる地

1　斉明天皇の行宮か

道後平野の大きな遺跡

四国西部、瀬戸内海に面して広がる広大な扇状地（道後平野《どうご》）の中心を占める愛媛県松山市には、夏目漱石《なつめそうせき》の『坊っちゃん』で有名な道後温泉がある。古代、伊予《いよ》の湯とよばれたこの温泉は、兵庫県の有馬《ありま》温泉、和歌山県の白浜《しらはま》温泉と並ぶ日本三古湯の一つで『万葉集』にも詠われている。『釈日本紀』に引用されている「伊予国風土記」によると、景行《けいこう》、仲哀《ちゅうあい》、舒明《じょめい》、斉《さい》明《めい》の諸天皇のほか、聖徳太子も伊予の湯を訪れたという。

また、古代の瀬戸内航路の港、熟田津《にきたつ》もこの伊予の湯の近くにあったと考えられている。熟田津の候補地は二、三あるが、まだ確定するに至っていない。その港からやや遠く、松山市の東部、石手川の支流の小野川と堀越川に挟まれた微高地に、古代の寺院跡があることは古くから知られていた。この寺院跡は、数次にわたる調査を経て一九七九年に白鳳期の古代寺院、来住廃寺《きしはいじ》として国の史跡となった。その後も寺院跡の調査はつづき、寺が造営されるよりも前に、この地に最古の役所があったことがわかり、二〇〇三年に新たに久米官衙《くめかんが》遺跡群（図１・２）として国の史跡に追加指定された。

道後平野有数の規模を誇るこの遺跡群のなかでも、一一〇メートル四方の敷地に設けられた最大の建物跡は、斉明天皇の石湯行宮《いわゆのかりみや》ではないかという説があり、さらに斉明天皇の夫、舒明天皇の伊予温湯宮《いよのゆのみや》の可能性もある。王家と深いかかわりをもつこの遺跡群の解明の道を読者とともに歩んでみよう。

図１ ●久米官衙遺跡群
久米官衙遺跡群は、松山城や城下の市街中心部からはやや離れた郊外の住宅地にある。

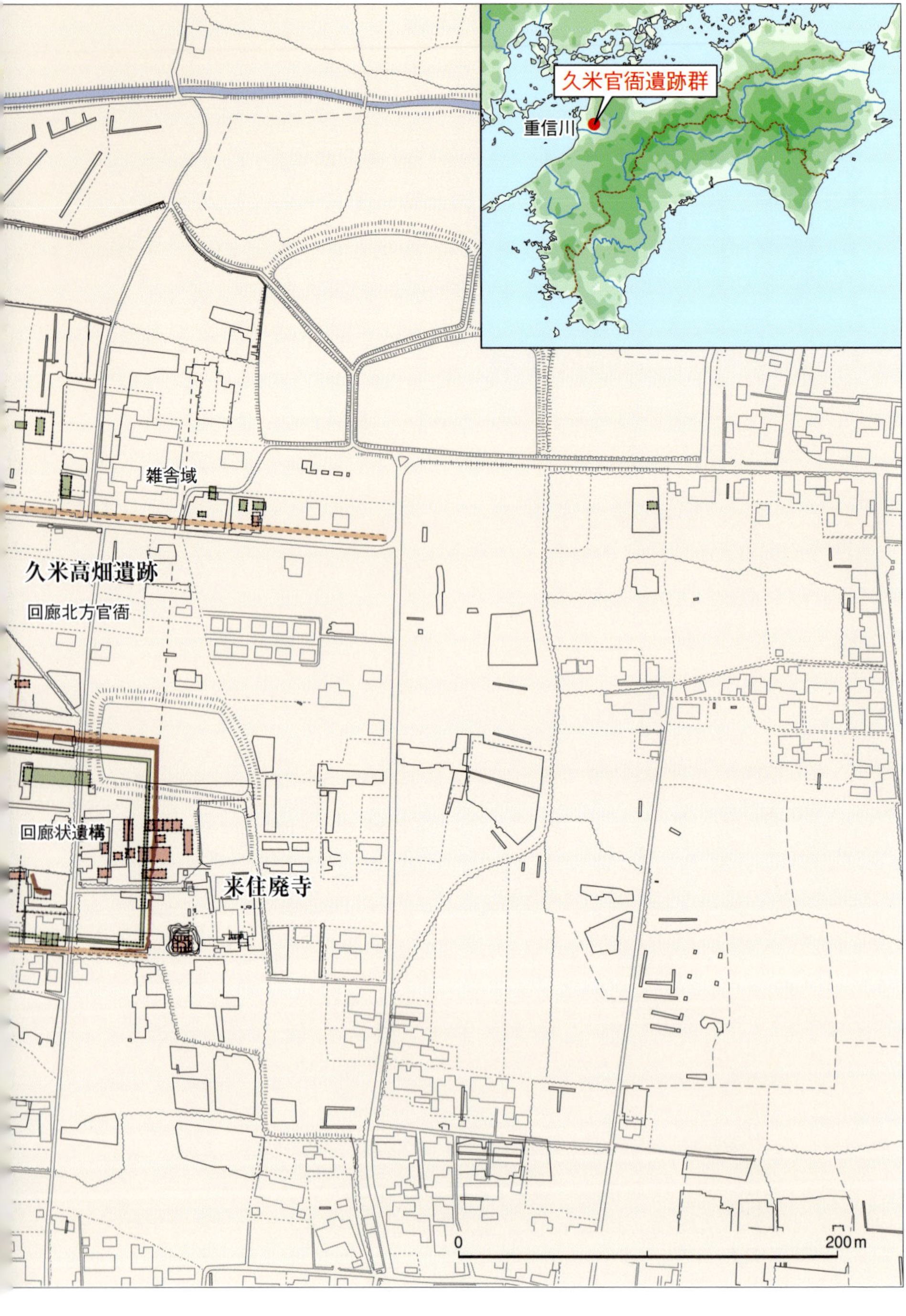

久米官衙遺跡群
重信川
雑舎域
久米高畑遺跡
回廊北方官衙
回廊状遺構
来住廃寺
0
200m

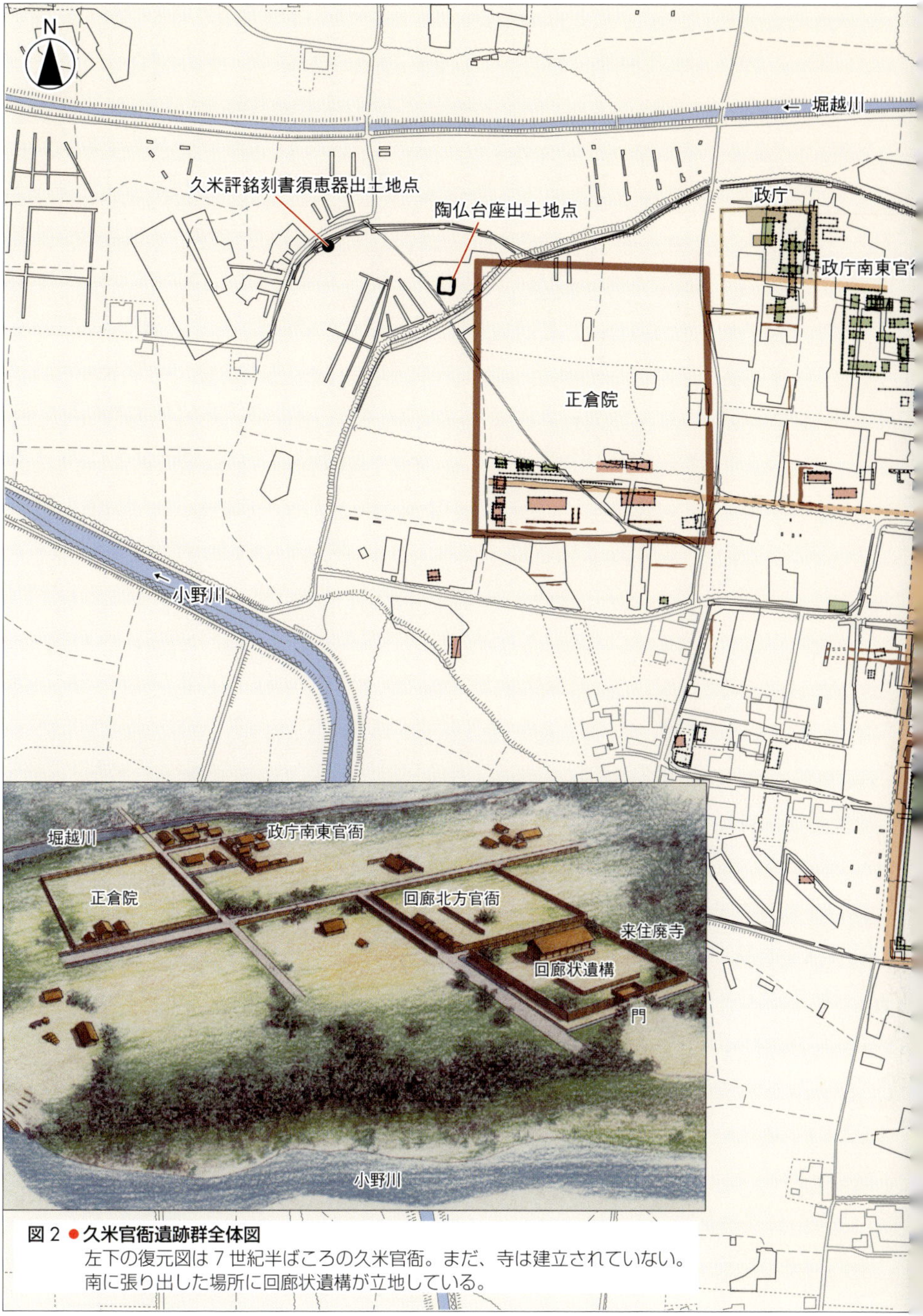

図 2 ● 久米官衙遺跡群全体図
左下の復元図は 7 世紀半ばころの久米官衙。まだ、寺は建立されていない。
南に張り出した場所に回廊状遺構が立地している。

斉明天皇の伊予行幸

六六〇年七月、朝鮮半島では唐《とう》と新羅《しらぎ》の連合軍によって百済《くだら》の王とその親族、家臣らが捕らえられ、百済は滅亡した。しかし、遺臣鬼室福信《きしつふくしん》らの活躍によって、百済再興の機運は高まりつつあった。同年一〇月、百済から援軍を要請する使者が来朝し、あわせて人質として日本に滞在中の王子余豊璋《よほうしょう》の送還を求めた。

斉明天皇は王子の送還に応じ、派兵準備のため一二月二四日に難波宮《なにわのみや》に行幸した。翌六六一年一月六日、斉明天皇と中大兄皇子《なかのおおえのみこ》らの船団は、難波津《なにわつ》から九州へ向けて出港した（図3）。一行は備前《びぜん》の邑久《おく》（大伯海《おおくのうみ》）などを経由して、一月一四日に伊予熟田津の石湯行宮に到着する。そして三月二五日に博多にほど近い筑紫《つくし》の磐瀬《いわせ》行宮に入るが、最終的に天皇の崩御のため、半島への出兵は中止された。

一行が伊予の熟田津石湯行宮に到着したのは一月一四日のことであったから、その後の九州への行程を考慮しても二カ月以上にわたって伊予に滞在したことになる。その理由については、高齢の天皇に配慮してのこととも、軍の陣容を整える必要からともいわれるが、本当のところはよくわかっていない。ひとついえることは、政府機能が二カ月にもわたって伊予の石湯行宮とよばれる施設に置かれたことである。

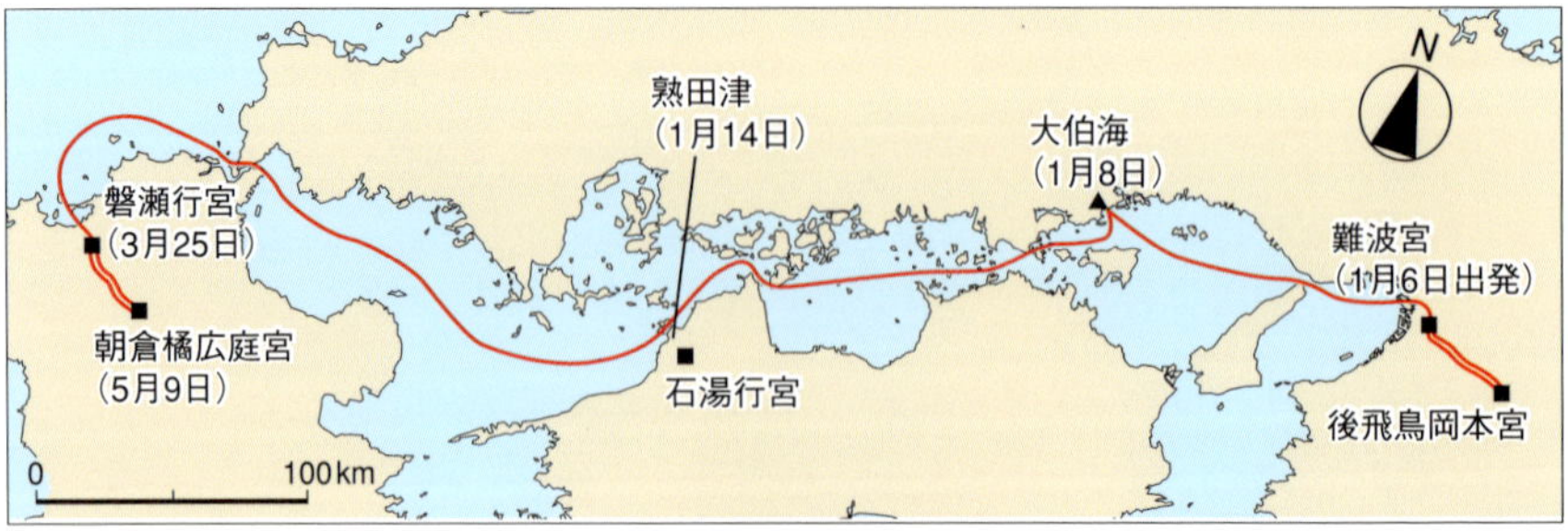

図3 ●斉明天皇行幸の道程
松原弘宣の研究による。『日本書紀』には、石湯行宮への到着日は記されているが、出発日の記載はない。

2　王家と久米氏のつながりを追う

早い時期に成立した久米評

一九八七年二月、久米官衙遺跡群の西北部から「久米評《くめのこおり》」と刻書された須恵器の甕の破片がみつかった（図４）。

調査自体は、市道の拡幅工事にともなう狭い範囲のもので、とりたてて注目しなければならないほどの出土状況ではなかったが、この甕の破片はこの遺跡群を評価するうえで非常に大きな意味をもつ文字資料となった。「評」とは、「郡《こおり》」が成立する八世紀よりも以前の行政組織であり、この遺跡群に評の役所があったことを示す直接的な証拠となったのである。

古代の道後平野における行政区画を検討した日《ひ》野尚志《のただし》は、斉明天皇のころには、北部の和気評《わけのこおり》と、それ以外の広域にわたって湯評《ゆのこおり》が展開したと考える。そして、その後、六七〇年ころに西南部に伊予評が、さらに湯評中心部を東西の帯状に割いて

図４●久米評銘刻書須恵器
文字資料がきわめて少ない当遺跡群においては、７世紀代にさかのぼる唯一のものである。

久米評が創設され、七六〇年ころには、久米評がその領域を西に拡大した結果、江戸時代における旧郡域に直結する郡境の基本が形成されたと想定している（図5）。つまり、日野によれば、平成の大合併までつづいた温泉郡《おんせんぐん》（湯郡）の前身である湯評が広範囲にわたって設定されていたことになる。

しかし、久米評銘刻書須恵器の出土により、久米官衙遺跡群のなかに評段階の役所が含まれている可能性が高まったことから、斉明天皇のころ（六五五―六六一）に、すでに久米評が存在していたとも考えられる。この発見は松山の古代史を語るうえで重要なものとなった。

文献史料にみる王家と久米氏のつながり

久米官衙遺跡群を生み出した地元の有力者は、久米直《くめのあたい》を本姓とする氏族、久味国造《くめのくにのみやつこ》と考えられている。この久米氏には、中央との深いかかわりを示す伝承が伝えられている。

『日本書紀』清寧《せいねい》紀・顕宗《けんぞう》紀によれば、中央に出仕していた伊予来目部小楯《くめべのおたて》は、播磨《はりま》国に隠れ住んでいた億計王《おけのみこ》と弘計王《をけのみこ》（のちの仁賢《にんけん》天皇と顕宗天皇）の二人の皇子をみつけ出し、天皇に報告した功績で、山官《やまのつかさ》に任ぜられたという。皇位の継承に久米氏が深くかかわったことを示す伝承である。宮中では今も大嘗会《だいじょうえ》の際に久米舞がおこなわれるが、それはこうした王家とのかかわりのなかで生まれたものと考えられている。

また、聖徳太子の伊予滞在は、太子の弟の来目《くめ》皇子（久米王）が六〇二年の新羅への派兵に際して将軍に任ぜられ、筑紫におもむいたことがモデルとなっているとする説がある。松原弘《まつばらひろ》

図５ ● 760 年前後の郡境
古代の郡の範囲はよくわかっていないが、平野部における
久米郡の領域は広くない。

西暦	天皇・年	
593	推古　1	厩戸皇子（聖徳太子）、推古天皇の摂政となる
600	8	隋にはじめて遣使（隋書）
602	10	4 月 1 日、来目皇子、征新羅将軍に任ぜられ筑紫に到着 6 月 3 日、来目皇子、病臥して征討を果せず
603	11	2 月 4 日、来目皇子、筑紫にて薨去 10 月 4 日、小墾田宮に遷る 12 月 5 日、冠位十二階制定
604	12	4 月 3 日、十七条憲法制定
607	15	小野妹子を隋に派遣
608	16	妹子、隋使裴世清を伴い帰国、留学生らと再度入隋
630	舒明　2	犬上御田鍬を唐に派遣（第 1 回遣唐使）
639	11	12 月、百済大寺の九重塔の建設に着手する 12 月 14 日、伊予温湯宮に行幸
640	12	4 月 16 日、天皇、伊予から帰り厩坂宮に入る
641	13	10 月 9 日、天皇、百済宮にて崩御
645	皇極　4 孝徳　1	中大兄皇子、中臣鎌足らと蘇我入鹿を暗殺 12 月 9 日、難波に遷都
646	2	1 月 1 日、「改新の詔」を公布
661	斉明　7	1 月 6 日、天皇、新羅征討のため難波宮を出発 1 月 8 日、大伯海（現在の岡山県瀬戸内市から備前市にかけて） 1 月 14 日、伊予熟田津の石湯行宮に宿泊、2 カ月ほど滞在 3 月 25 日、娜大津に到着、磐瀬行宮に滞在 5 月 9 日、朝倉橘広庭宮に移る 7 月 24 日、天皇、朝倉宮にて崩御 8 月 1 日、皇太子、柩を磐瀬行宮に移す 10 月 7 日、天皇の柩、帰途の海路につく 10 月 23 日、柩、難波に帰還 11 月 7 日、飛鳥川原にて殯をおこなう
663	天智　2	日本・百済軍、唐・新羅軍と白村江で戦い敗北
672	天武　1	壬申の乱、飛鳥浄御原宮に遷る
684	13	10 月 14 日、南海地震発生、「伊予温湯、没れて出でず」
689	持統　3	8 月 21 日、伊予総領の名がはじめて見える

図 6 ●古代伊予国関連年表

宣《のぶ》は、来目皇子の乳母が久米一族の出身であった可能性を指摘し、王家との縁が深い久米の地に皇子が立ち寄っている可能性を想定する。来目皇子が活躍した時期は六世紀末から七世紀初頭のことである。

仮に松山の久米の地が、彼の乳母の出身地であったとするならば、久米氏は皇子の養育にかかわる王家の直轄領ミヤケの管理者であったのではないだろうか。王家との親密なつながりを背景として、全国的にみてもきわめて異例な早い時期に、この地に地方官衙ができても不思議はない。朝廷は古くからのかかわりのもとで、伊予の久米に対して親近感をもつに至ったのだろう。このような環境のなかで、この地は朝廷の対外活動に際して、瀬戸内海航路上の重要な中継地のひとつとして扱われた。この重要拠点を久米氏に統括させるために設置されたのが久米官衙であったのではないだろうか。

次章から久米官衙遺跡群の構造と変遷の過程をみてゆこう。

第2章　最古の政庁

1　政庁跡の出現

最初の調査

第1章で述べたように、久米官衙遺跡群の東南部にあたる区域には古瓦が散布することから、古くから古代寺院があったのではないかといわれてきた。一九六七年、松山で最初の本格的な発掘調査がおこなわれたのは、この寺院跡、来住廃寺《きしはいじ》であった。

一九七七年、来住廃寺二次調査時に、伽藍中心域のすぐ西で寺の西面回廊と考えられる遺構が発見された。のちにこの遺構は、寺を囲む回廊ではなく、まったく別の施設の外郭であることが判明し、寺院の回廊に似ていることから、回廊状遺構とよばれるようになる。この回廊状遺構については、第3章でくわしく説明しよう。

政庁の発見

さて、この回廊状遺構から北に約三〇〇メートルの地点で、一九八五年一二月、長大な建物と一本柱列からなる官衙施設の一部が確認され（図7）、一帯の小字名をとって久米《くめ》高畑《たかばたけ》遺跡とよばれる。

南北約三〇メートルにわたってつづく一本柱列と、これと一体となった細長い建物は、外郭を長大な建物で囲う「長舎囲い」とよばれる形態の役所施設の東辺と想定され、地方官衙研究の専門家である山中敏史《やまなかとしじ》らの指摘によって、政庁とよばれる施設の一部である可能性が高まった。政庁とは、現在の県庁本館に相当する施設で、官衙を構成するさまざまな部署のなかでもとりわけ重要なもののひとつである。

この調査によって、付近一帯の遺跡のなかに地方官衙が含まれる事実が、はじめて知られることになった。寺院跡の来住廃寺の近くにこのような

図７ ● 政庁外郭東辺付属舎１
一辺の長さが１ｍに達する大型の方形柱穴によって構成されている。
政庁の中心は、右上のミカン畑付近に予想された。

古代の役所施設が眠っているとは、誰も予想していなかったのである。

日本最古の地方官衙政庁

この長舎囲い構造の政庁は、全国各地でみられる一般的な地方官衙の政庁とは異なり、一次調査の段階からすでに、その時期が相当に古いのではないかと考えられていた。出土する遺物が示す年代は六世紀末から七世紀初めころのものばかりで、通常、この種の遺跡が属する奈良時代から平安時代の須恵器などは一点も含まれていなかったからである。

調査の終了からまもなく、「国造制段階から評制段階ころの施設ではないか」とする見解が公表された。いわゆる大化改新をさかのぼる、七世紀前半ころに出現した役所施設である可能性が検討されたのである。しかし、出土遺物の量が少なすぎたことに加えて、検出された範囲が一部に限られており、全体像が不明なため、その是非を判断できる状況にはなかった。それがある程度明確にされるのは、二〇〇一年の五一次調査まで待たねばならなかった。

五一次調査では、一次調査地のすぐ西で正殿《せいでん》と脇殿《わきでん》、前殿《ぜんでん》などの建物の一部が新たにみつかった。正殿と前殿は東半分、脇殿については全長の三分の二程度が確認され、施設の構造がおおむね明らかになり、久米評銘刻書須恵器の出土もあって、最古の地方官衙政庁であることが確実となった（図8）。

図８ ● 政庁跡
政庁の西部は住宅地で調査ができないため、施設の全体像は今も謎が多い。

2　政庁の建物配置

柱筋の揃った建物

これまでに政庁で存在が明らかになった建物は、正殿（図9）、前殿、脇殿、東辺付属舎1、同2、南辺付属舎の計六棟である。このうち、南辺付属舎を除く五棟については、建物の配置に一定の規則性がみられる（図10）。

まず、前殿の北辺と脇殿の北端、また前殿の南辺と東辺付属舎1の南端の柱筋が揃っている。また、建物相互の間隔は、正殿と前殿、前殿と脇殿、脇殿と東辺付属舎1が、いずれも約六・九メートルと揃っている。さらに、この距離と正殿の梁行《はりゆき》全長も共通する。

官衙施設の場合、このように建物の柱筋が揃うことは、互いの関連性の高さを説明するうえで非常に重要な要素とされる。また、建物間距離が同一であることもあわせて評価すると、これらの建物の規模と配置を決める際に、寸法に関する基準が存在したことが想定できる。

政庁の造営尺

建物の規模や施設における配置を定める際に用いられた基準を造営尺という。一般的に、七世紀から八世紀ごろのわが国の尺度は、中国の唐王朝の制度にならった「唐大尺《とうたいしゃく》」を基準とする。ちなみに当時の一尺の長さは、およそ〇・二九六メートル前後とされており、これが、その後、近年まで長く使用されることとなる尺の元になった。

外郭東辺の五一・九メートルという全長に加えて、約六・九メートルの建物間距離と桁行全長が明らかになっている脇殿と東辺付属舎1などを総合的に検討した結果、政庁の造営尺の一尺の長さは、〇・二八八メートル程度と割り出すことができた。これを基準にすると、外郭東辺の一辺長は一八〇尺、建物間距離ならびに正殿の梁行全長は二四尺、脇殿の桁行《けたゆき》長は一〇八尺、東辺付属舎1の桁行全長は六〇尺に設定されたと考えることができる。いずれの寸法も六尺（＝一歩《ぶ》）の倍数に設定されている点は、政庁における建物の配置計画と大いに関係があると考えられ、重要である。

外郭東辺から脇殿東辺までの距離が三六尺、さらに、脇殿東辺から前殿東辺間が同様に三六尺となる。前殿の桁行全長を三六尺と想定する復元案の場合、外郭東辺から前殿中軸線

図９●**政庁正殿跡**（北より）
一辺の長さが 1.3ｍに達する方形の柱穴で構成されている。
この柱穴の規模は遺跡群のなかで、もっとも大きい。

までの距離は、外郭一辺長のちょうど半分の九〇尺となり、三棟の建物は、政庁を五等分した東西三六尺幅を基準に配置されたと考えられる。

造営尺の起源

ところで、通常の唐大尺と比較するとかなり短いこの尺については、唐大尺に含めてとらえてよいのか、あるいはまったく別物と考えるべきなのか、という問題がある。七世紀中ごろの難波宮の場合、〇・二九二メートル程度の比較的短い尺が使用されている例があるが、久米官衙政庁のものは、これと比較してもさらに短いのである。

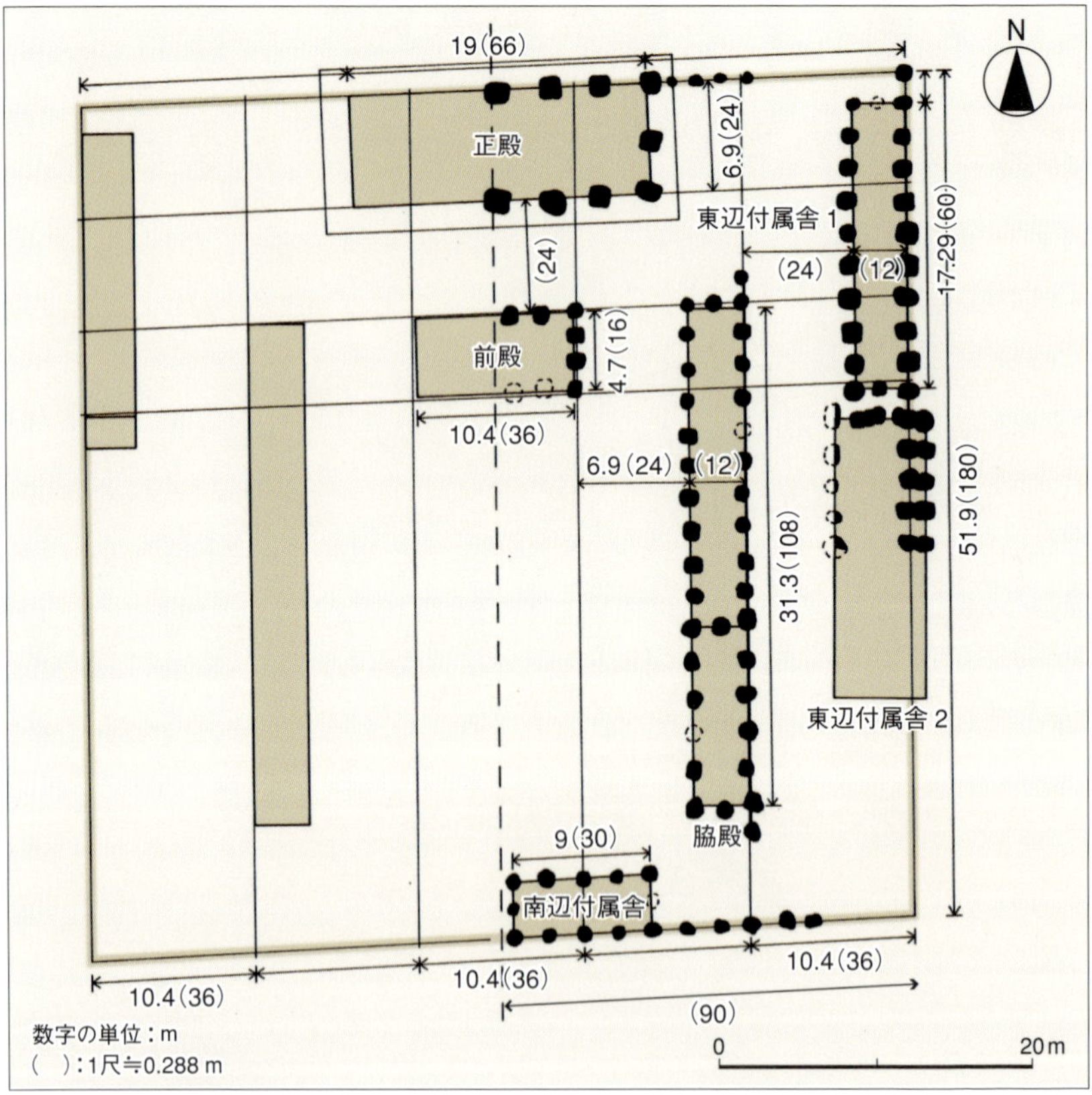

図 10 ● **政庁の建物配置**
2002 年ごろに作成された復元案。外郭形状を正方形と仮定している。一見するときれいな案にみえるが、南辺中央に出入口を想定すると、その幅がかなり狭くなってしまう。

これに関しては、政庁がいつごろ建設されたのかにかかわると考えている。唐大尺とよばれる尺に直接つながる、同じ長さの尺が隋代にあることから、この尺度を含む社会的制度の流入の契機となったのは、隋以前の大陸や朝鮮半島との交流にあったのではなかろうか。ひとつ確実にいえるのは、久米官衙政庁から導き出された尺の長さが、隋唐の尺にくらべて短いことである。くわしくは、第6章で説明しよう。

3　政庁の外郭

「長舎囲い」で正方形の構造

外郭施設は、正殿の北辺から東方向に小規模な一本柱列がつづき、一次調査で確認された東辺とよく似た構造であることがわかった。外郭の南辺も一本柱列に細長い建物が連結する同様の構造であることが二〇〇二年の試掘調査によって明らかとなった。

政庁は、発見当初に想定されたとおりの「長舎囲い」構造であることが明確になったのである。

外郭の規模は、一次調査でみつかった東辺と試掘調査でみつかった南辺東部の延長線との交点を東南の角とみなし、東辺の全長は五一・九メートルと想定した。外郭の西南の角は、のちに増設される正倉院の濠が重複するため、断定するまでに至っていない。南辺の柱列は、濠を越え、さらに西へつづいている可能性もある。しかし、正倉院の濠のやや東で柱列は北へ曲がり、外郭西辺となることも想定されていて、そうであれば、南辺の全長は五一・七メートル程度となる。そうすると、施設の全体形状は正方形となる可能性が高まる。

試掘調査で南辺東部がみつかって以降、正方形案についてくり返し検討してきた経緯があるので、ひとまずこの考え方にもとづいて政庁の構造を説明しよう。

先述したように、外郭東辺の推定長は五一・九メートルである。政庁外郭の全体形状を正方形、正殿はその北辺中央に位置したと仮定すると、東半分だけ確認されている正殿は東西が六間（一九メートル）に復元される（図10）。

政庁の建物配置は必ずしも左右対称で正殿の中央が施設の中軸線上に位置しなくてもよいのだが、この復元案を採用すれば、正殿を施設全体の真ん中にもってくることができる。ただしこの場合の正殿は、建物の中心に柱が位置することになってしまう。建物の長辺、すなわち桁行が六間というのは、両端の柱の間に柱が五本配置され、柱と柱の間の空間（柱間）が六区画とられる構造になる。したがって、正殿の中央奥に役所の長官が着座したとすると、長官の正面に柱が位置することになってしまう。これでは、天皇を中心とする国家のあるべき姿を万民に対して示すべく設けられた官衙施設のあり方としては、かなり具合が悪い。

外郭は長方形の可能性も

この問題を解決してくれそうな情報は、二〇〇九年の七二次調査で得られた。外郭南辺の西部は一辺が一メートルもある大型の柱穴による一本柱列であることがわかった。ところが、この柱列は二〇〇二年の試掘調査によって確認済みの南辺東部とは別のもので、両者の間が開口部となることも判明した。この開口部は、いわゆる出入り口で、幅は約一〇・四メートルとなる。この開口部の位置が、正方形の南辺中央に対応しないのである。

つまり、図11で示すように、開口部が西に偏っているとすると、建物の配置や建物寸法を必ずしも正方形の空間内において左右対称に考えなくてもよいことになる。西に偏った開口部の北に、従来想定したよりも桁行規模の大きな正殿を配置すれば、開口部と正

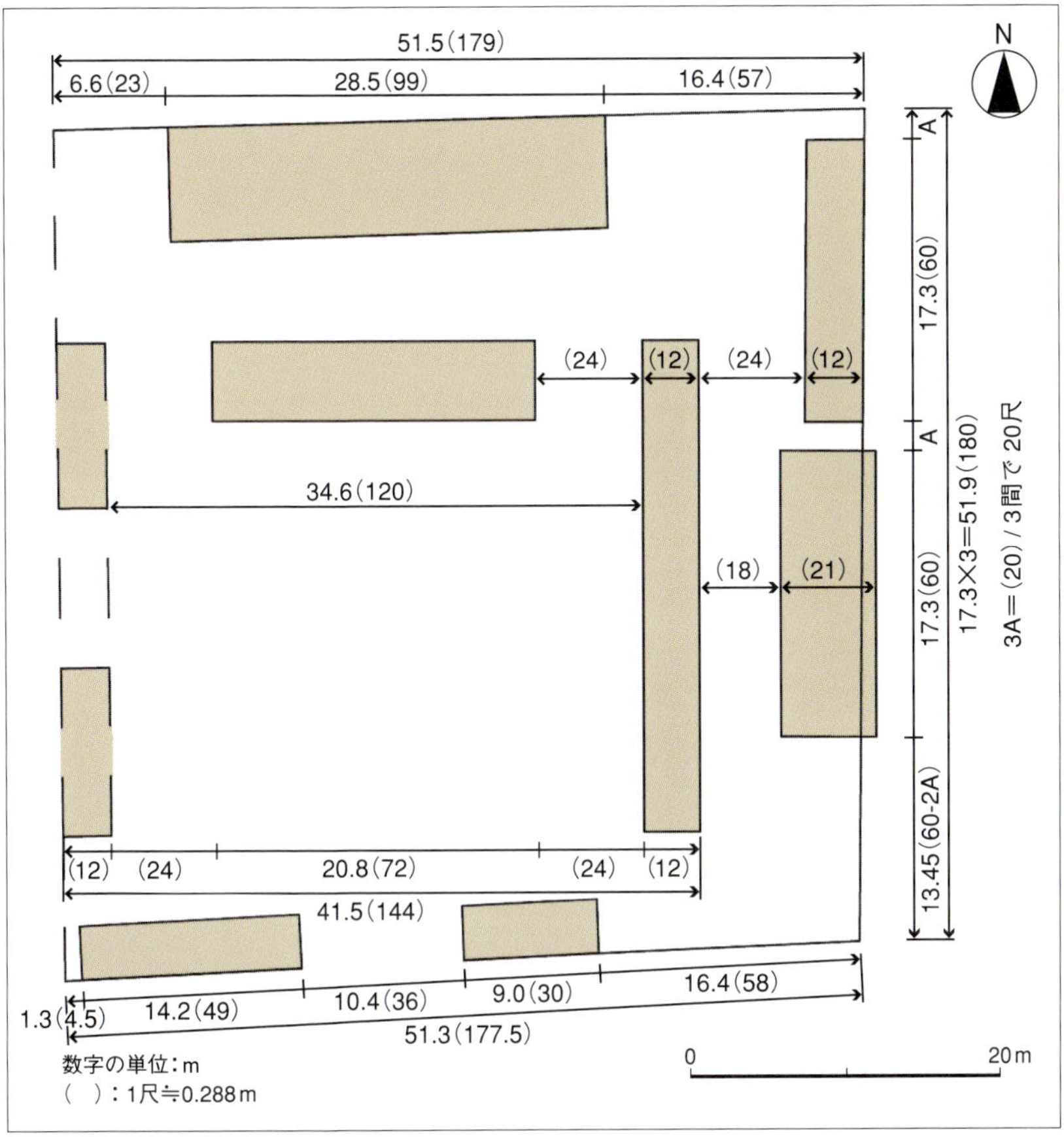

図11 ● **政庁の規格**
正方形にこだわった場合の復元案。

殿を正対する位置に配置することも可能となる。

ただし、開口部が従来の想定位置より西に位置する事実は、政庁の外郭形状が東西方向に細長い長方形であって、正方形ではないことを示す特徴とも考えられる。政庁の外郭形状の問題は、今もって未解決の問題となっている。

残された謎

以上、最古の地方官衙政庁の概要をみてきたが、外郭の形状が不明であること以外にも、いくつかの謎が残されている。これまでの調査で広範囲の様子が、かなり明らかになりつつあるが、この政庁にともなう施設が、まだひとつもみつかっていないのである。政庁の近くには、関連する役所は置かれていなかったのかもしれない。外郭東辺の南部を壊して東辺付属舎2が増設されていることから、ある程度の期間継続したものと考えているが、全面的な建て替えではないので、I期の政庁が必要とされた時期は、一時的なものであった可能性もある。

つづく第3章と第4章では、この政庁を壊して整然とした役所施設がつくられるII期の状況をみてゆこう。

第3章　石湯行宮か？―回廊状遺構

1　地割による土地の区画

久米官衙遺跡群におけるもっとも重要な特徴のひとつは、七世紀の中ごろになって役所の各施設が地割によって区画された土地に整然と配置されていくことである。まず、どのように地割がなされ、官庁街が形成されたかをみてゆこう。話が煩雑にならないように、先にこの遺跡の時期区分について触れておく（図12）。

遺跡群の時期区分

Ⅰ期　遺跡群の施設で確実に実態がわかるのは、政庁のみである。この成立時期は、七世紀前半に求められると考えている（第2章参照）。

Ⅱ期　地割の存在によって特徴づけられる。方一町規模の区画地が並び、その間には街路が設けられ、官庁街のような景観が形成された。ただし、この段階の政庁の場所については手がかりがなく、謎のひとつとなっている。官衙の一部は、Ⅲ期にかけて継続使用されたものや、地割との関係上、Ⅲ期のものと区別できないものも含まれている。年代は七世紀中ごろである。

Ⅲ期　Ⅱ期の地割が部分的に改変され、その一角に来住廃寺が新たに建設される。また、Ⅱ期には存在したと考えられる正倉院を濠で囲い直して拡充を図る。来住廃寺の造営をもって回廊状遺構が廃絶することから、この段階をⅢA期とよんでいる。七世紀第3四半期にはこの段

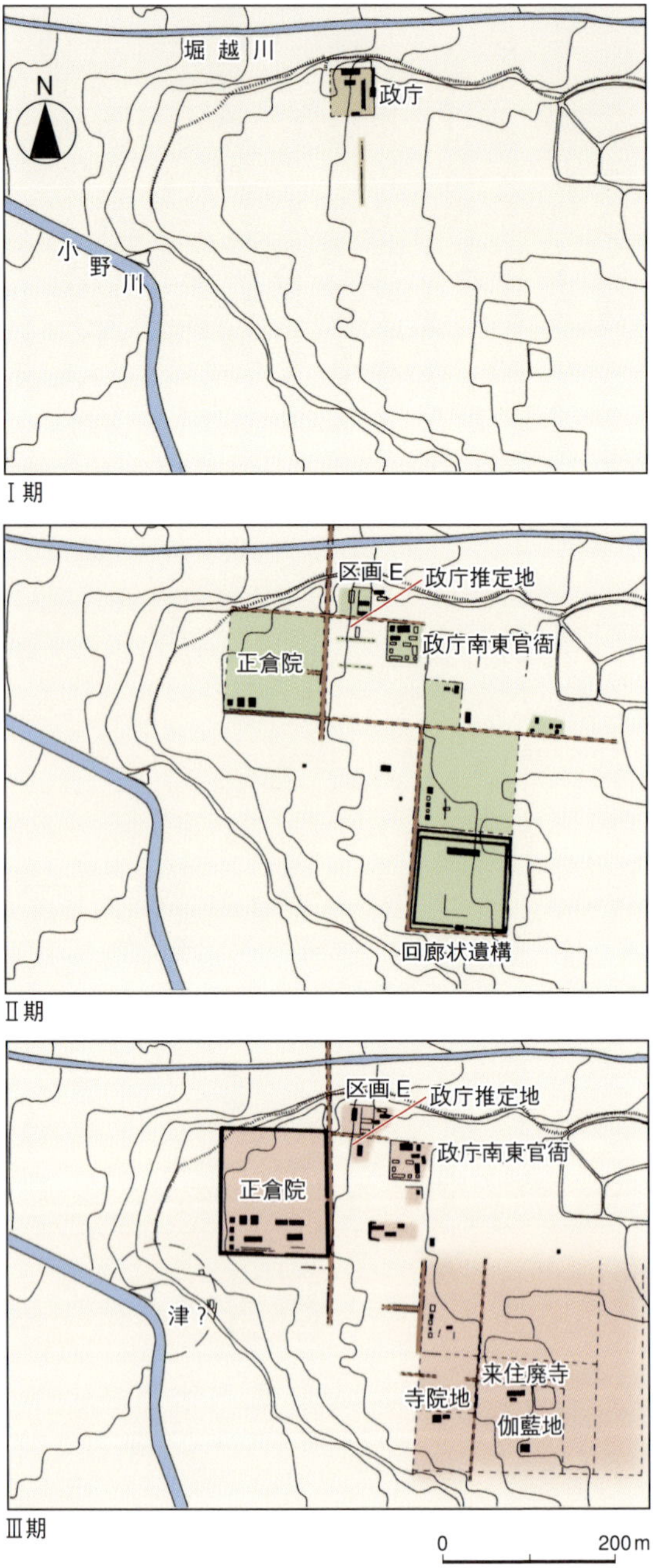

図12●久米官衙遺跡群の変遷

階に至るものと考えている。

つづいて遺跡群西北部の地割を一部改変して正倉院の拡充が図られる。それは八世紀中ごろのことで、これをⅢB期とよぶ。

一町四方の地割

地割は一町四方規模の土地の区画と区画の間に、幅三～四メートルほどの街路を設けたものである（図13）。役所の施設は、必要に応じて一町四方の敷地を分割して配置されたようだ。ただし、回廊状遺構だけは一町四方の土地があてられている。

地割がおよぶ範囲は、これ

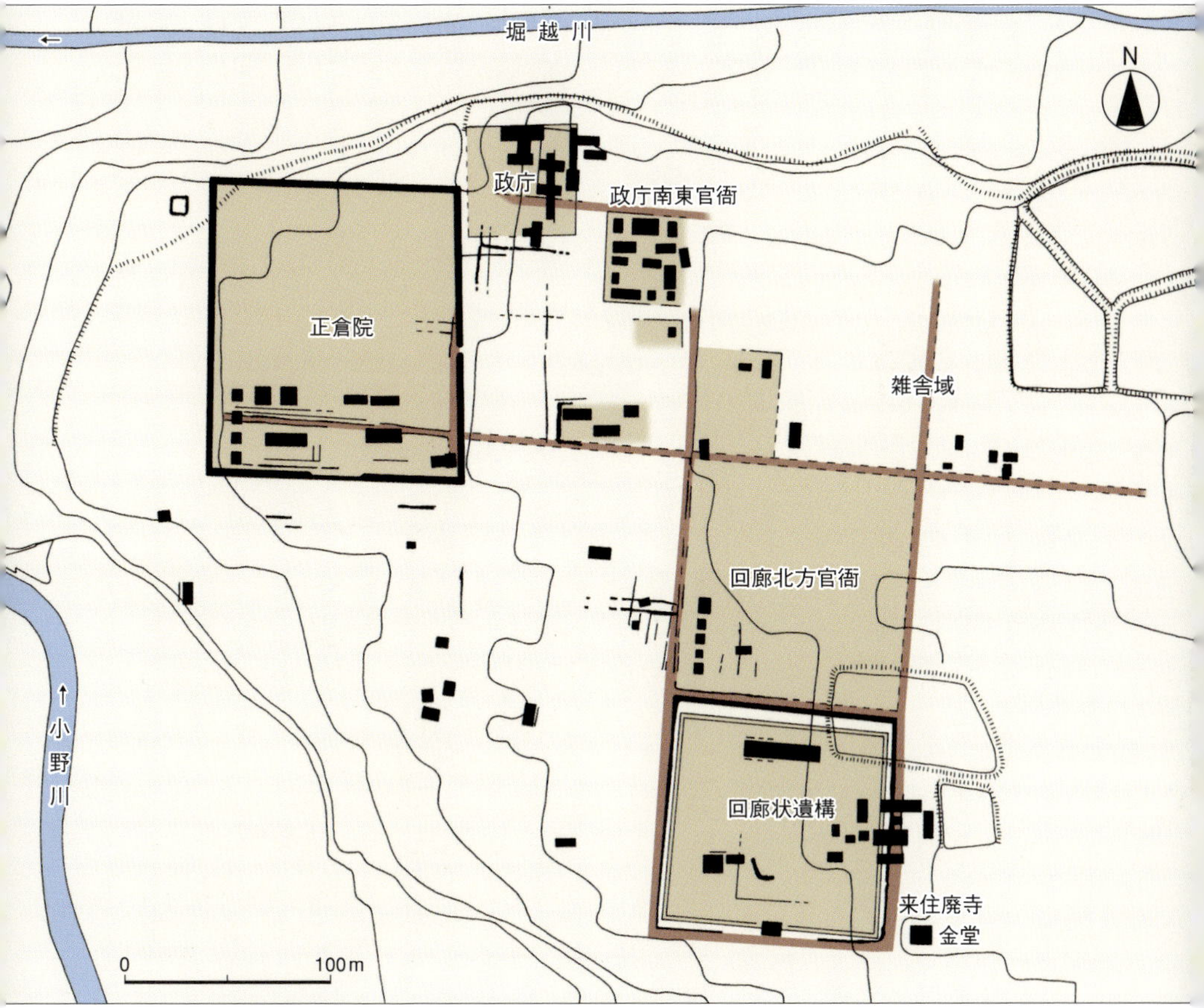

図13 ● 官衙施設の配置
政庁の背後と回廊状遺構の南正面は低地に面した崖になっている。

までのところ東西四町、南北三町と考えられているが、いわゆる碁盤目状に整然と配置されているわけではない。地形の制約から遺跡群西南端部は、当初から地割は設定されていなかった可能性が高い。

地割の北限は、Ⅰ期の政庁を南北に分断する位置に設定されており、地割にともなう遺跡群Ⅱ期の東西道路沿いに設けた一本柱列が政庁の脇殿の柱穴を破壊している状況が確認されている。このことから、Ⅱ期に地割を施工するにあたって、Ⅰ期の政庁は完全に撤去されたと思われる。

なお、当遺跡群における一町の距離は、およそ一〇九・四メートルで、これは、回廊状遺構の門の調査でわかった一尺＝〇・三〇四メートルの造営尺による三六〇尺に相当する。

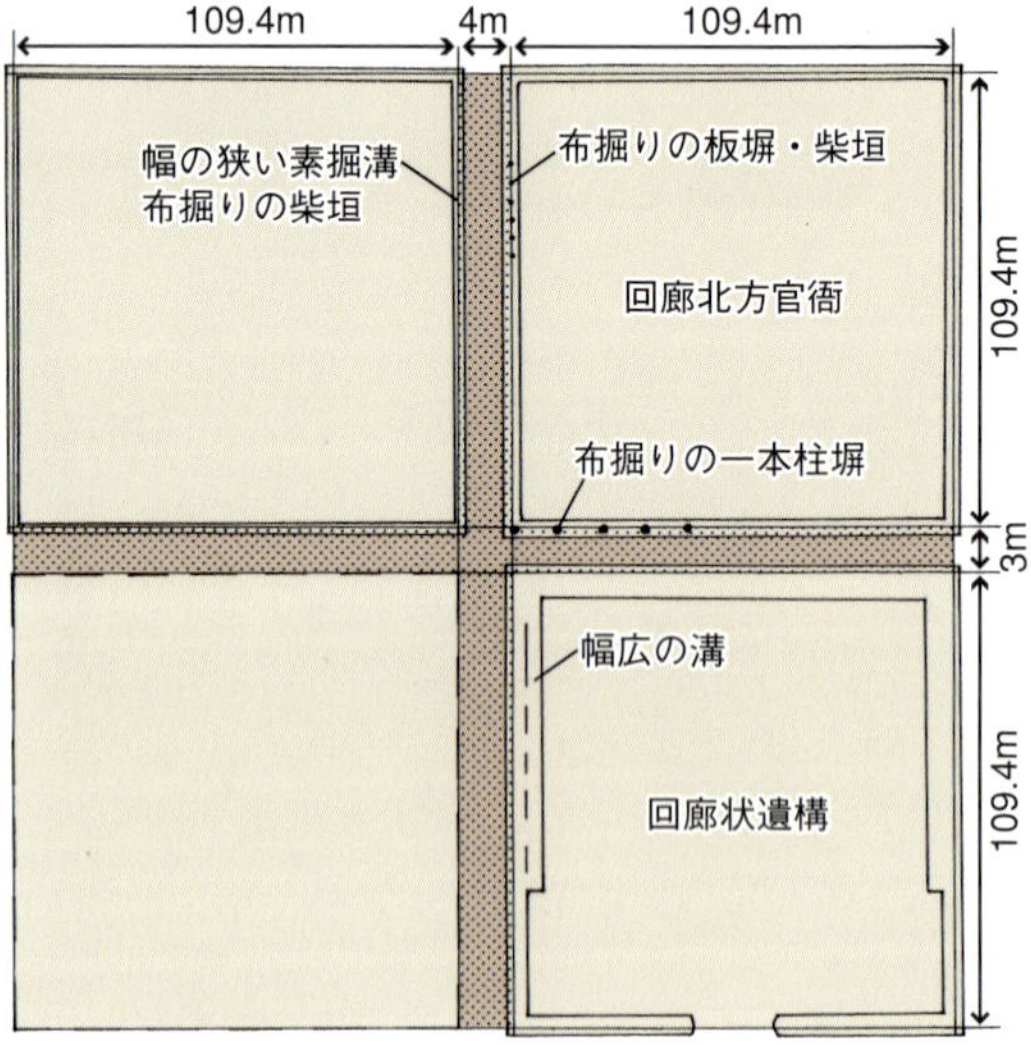

図 14 ● 地割のイメージ
実際には地形の制約から、地割は回廊状遺構の西には設定されていなかったと考えられる。

地割の実態

方一町規模の地割は、道路側溝を兼ねた素掘溝による箇所と一本柱列などによるものに大別される（図14・15）。

一本柱列そのもので地割を示した箇所としては、遺跡群東北部の地点で東西方向にみつかった一本柱列がある。この一本柱列は回廊北方官衙の北辺にあたるが、すぐ西隣が浅い溝になることから、必要に応じて板塀と柴垣が使い分けられていたことを示す痕跡と考えられている。

回廊北方官衙の南辺では、一本柱列ではなく素掘り溝がみつかっている。溝の底に約三メートル間隔で柱穴が掘られており、柱穴を配置する場所にあらかじめ溝を掘る「布掘り」とよばれる構造で、等間隔のりっぱな柱が配置された板塀と想定している。この施設の西辺を示す溝の断面をみると、その中心付近になんらかの構造物が埋め込まれており、これを抜き取ったと考えられる痕跡がある。これは、柴垣状の簡易な構造物を埋め込んだ跡とみられる。

このように、当遺跡群における地割は、場所によってさまざまな形態をとっている。したがって、街路の両端の施設は必ずしも同一形状のものとは限らず、片側が溝で、もう一方が柴垣であったり、

図15●工具の痕跡
回廊北方官衙西辺を区画する素掘溝。溝の底に残された工具の痕跡は、古代人の息づかいを感じることのできるおもしろいものだが、図面に記録するのは大変だ。

りっぱな板塀の反対側が濠状の溝であったりする。

地割のために掘られた素掘溝の底が凸凹になっている場合がある。これは、溝を掘った際の工具の痕跡である。幅が二〇センチ程度の鉄製工具の刃先によって掘られた溝の底を平らにしなかったため、工具の跡が残されていた（図15）。水を流す目的で掘られたのではなく、柴垣の根元を埋めるための溝なので、掘ってすぐに埋め戻され、痕跡が残ったのだ。古代の人びとの足跡を間近に感じることができる一瞬である。

地割の施工時期

地割の出現は、政庁をともなうⅠ期につづくⅡ期の指標である。そのⅡ期の代表的な施設が、回廊状遺構や回廊北方官衙であるが、地割による各区画は一度につくられたものなのか、あるいは段階を踏んで増設されていったものなのか、くわしくはわかっていない。掘ってすぐに埋め戻された柴垣用の溝や、掘立柱建物の柱穴といった遺構から、つくられた時期がわかる遺物が出土することは稀だからである。

これまでの調査研究の範囲では、地割の施工時期は七世紀の中ごろでも、第2四半期にさかのぼる可能性が高い。これは、第1章で述べた斉明天皇一行による伊予行幸よりも二五年ほど前の舒明天皇の時代にあたる。

2　回廊状遺構

地方ではめずらしい大規模な役所施設

第2章冒頭で述べたように、来住廃寺の二次調査の際に発見された伽藍中心域のすぐ西で発見された遺構は、寺の西面回廊と推定されたが、一九八八年の来住廃寺五次調査（図16）の結果、寺の西方に展開する別の建物であることが判明した。その後、一九八九年の調査で西南と東南の角が特定され、東回廊九七・八メートル、西回廊九八・二メートル、南回廊一〇三・六メートル、北回廊九九・七メートルという全体の規模が確定した（図17）。

この遺構でとくに重要なのは、南回廊中央の門とその北に隣接して内郭を区画する一本柱列、そして正殿と想定されている掘立柱建物の一部である。門は回廊状遺構と一体化した構造（図20）で、今日の久米官衙遺跡群の研究で重要な位置を占める造営尺の着想を得るに至った施設である。

なお、回廊状遺構とは本来、二重の一本柱列のみを指す言葉だが、久米官衙遺跡群では敷地外郭を画する区画溝も含めた広い意味で用いている。

回廊状遺構の区画溝は施設南半では細く浅い目印程度の溝であるが、北半では濠とよぶのがふさわしいほど大規模に掘り込まれているところもあり、幅二・五メートル、深さ一・二メートルに達している。一九八八～八九年におこなわれた来住廃寺の調査の際には、この濠状の溝から、回廊状遺構の年代を知るうえで重要な須恵器（図18）がまとまって出土している。これら須恵器の示す年代は、七世紀第3四半期ころである。

さまざまな役所施設が地割とよばれる土地の区画にしたがって配置される久米官衙遺跡群の一角にあって、回廊状遺構は方一町規模の区画溝に囲われた広大な敷地に設けられている。一般的な地方官衙の場合、敷地の広さは方半町内外が普通であるから、この施設に代表される久米官衙遺跡群の特殊性をうかがうことができる。

補修の痕跡

一九九三年の調査（二三次）では、回廊状遺構の一部に柱を立て直した痕跡が確認された。施設の全面的な建て替えを示すものではなかったが、

図16 ● **回廊状遺構の北回廊全景**（東南東より）
向かって右側が回廊状遺構の外側柱列である。内側柱列の柱穴にくらべて四角く大きなもので構成されている。

図 17 ● **回廊状遺構**
敷地の内側でもたびたび調査はおこなわれてきたが、正殿と考えられる建物以外に同じ時期の建物はみつかっていない。

これによって、この施設がある程度長期間にわたり使われたことが明らかになった。

補修の痕跡が確認されたのは、西回廊の外側柱列である（図19）。回廊状遺構は、大きく深さのある外側柱列と、対になる小ぶりで浅い内側柱列から成り立っている。柱穴が掘り替えられていたのは、このうちの外側の一本柱列であった。建て替え後の柱穴は元の柱穴にくらべて平面規模が小さく、深さも若干浅いほか、柱間の寸法がやや広く設定されていた。なお、内側柱列には補修された形跡がない。

その後の整理研究の結果、西回廊の北部だけでなく、北回廊の西端でも補修がおこなわれたことが明らかになった。ただし、これらの箇所以外に補修の痕跡は確認されていないことから、施設の西北角付近だけで実施された部分的なものであったと考えている。関門海峡から吹きつける冬の強い季節風によって劣化が進みやすい箇所の改修工事がおこなわれたのではないだろうか。

図18 ● 回廊状遺構北側区画溝出土の須恵器
金属製の仏具を模した須恵器の蓋（左）は、7世紀の第3四半期ころの特徴を示す。
硯（右下）は当遺跡群では数点しか出土していないめずらしいものである。

門からわかった謎の造営尺

一九九二年（来住廃寺一九次）に回廊状遺構の南辺中央付近で回廊状遺構の門がみつかった（図20）。桁行の南北両辺に四基ずつ柱穴が並ぶ構造の八脚門《はっきゃくもん》である。回廊状遺構の柱列との関係では、門の東西中軸線上に外側柱列の柱穴が配置されており、門の桁行は三間であるが、開口部は中央の一間分で、左右各一間は回廊状遺構の外側柱列と同様、板を打ちつけた壁であったろうと想定されている。内側柱列は門の東西の外側で止まっており、門本体と連結された形跡はない。

この門の構造と寸法を検討した結果、造営尺の長さが判明した。それによると一尺はおよそ〇・三〇四メートルで、Ⅱ期の特徴である地割を施工する際にも基準尺として使用されている。この三六〇尺に相当する一〇九・四メートルが一町にあたる。Ⅱ期を構成する

図19 ● **西回廊の補修の痕跡**
西回廊の外郭。建て替えの際の柱穴が元の柱穴を壊している様子が確認された。

多くの建物でこの造営尺の使用が確認され、久米官衙遺跡群では普遍的に認められるが、一般的な唐大尺より長いこの尺は、何に由来するものかわかっていない。唐大尺の範疇でとらえてよいのではないかと考えているが、I期の造営尺とともに謎のひとつである。

なお、八脚門は門の格式としては上位のもので、宮城や大寺院に使われており、この施設を考えるうえで重要である。

格式の高い土壁の建物

北回廊のすぐ南に、回廊状遺構の中心的な建物と考えられている建物が一棟存在する（図21）。

この掘立柱建物は、大型の建物の西端と考えられ、施設の中心的な建物という意味で、正殿的建物とよばれている。ただし、北回廊との距離が近接していることから、正殿の背後に配置される後殿とみる意見もある。梁行はおよそ七メートルで、政庁正殿の寸法と近いが、この建物では、柱間は三間に設定されている。

建物の西端がみつかっただけなので、本当にこの建物が長大な東西棟の正殿とよべるものであるのかは不明だが、やはり特別な建物と考えてよい、めずらしい特徴を確認しているので、

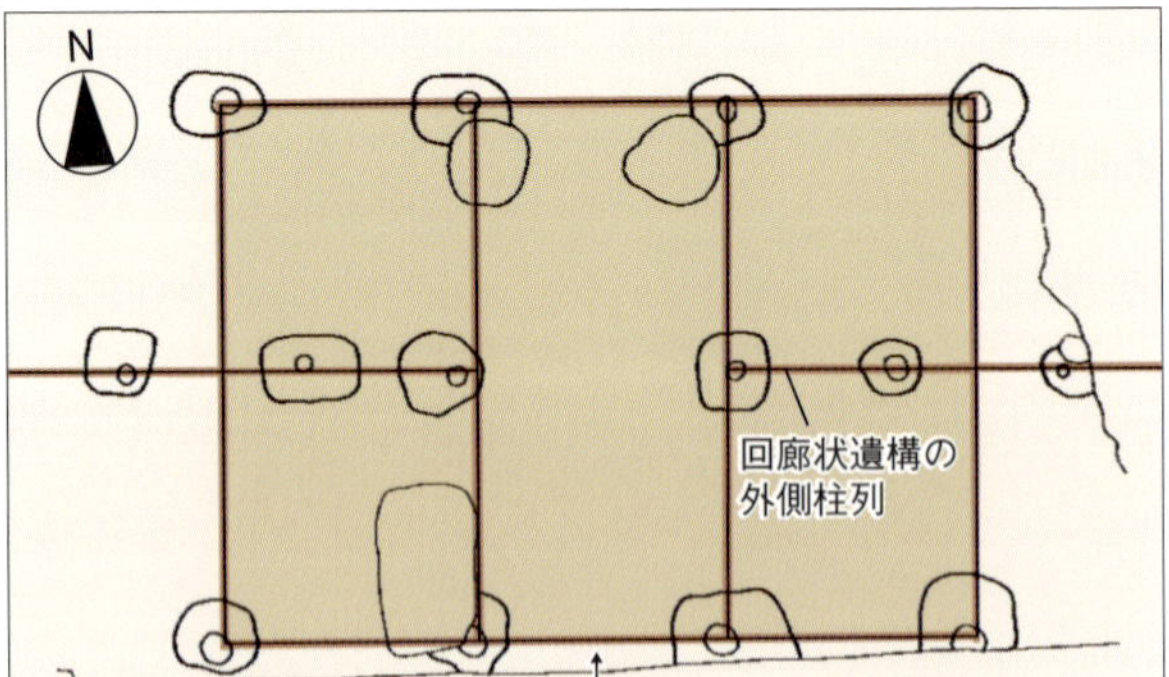

図20 ● 回廊状遺構の門
八脚門とはみなさず、上部が平らで人があがることのできる門と考える専門家もいる。その場合、単なる物見台ではなく、武装した衛兵によって守られていたということになる。

紹介しておこう。

柱の抜取穴の多くから、黄白色の粘土の塊が出土したのである（図22）。調査当初、これが何を意味するものなのか見当がつかなかったが、その後、建物の壁土が落ち込んだものであることが判明した。この建物は、当時の地方官衙の施設としては格式の高い土壁の建物であった。

これまでの遺跡群全体における発掘調査で確認されている同様の事例は、ⅢB期に正倉院南部に増設される二棟の大型の東西棟（五七ページ参照）のほか、同じくⅢ期に属する別の建物が一棟知られているだけである。とくに正倉院の二棟については、建設された場所やその規模から判断して特別な意味合いの建物と考えられることから、回廊状遺構の正殿的建物についても、土壁が選択される特別な施設であったと想定される。

図21 ● **回廊状遺構の中心的な建物**（北より）
東西方向の柱間は３ｍにも達している。建物の桁行に平行に掘られた溝の底には工具の痕跡が残されていた。

なお、この黄白色の粘土は、格式の高い建物の床の表面に塗られた化粧土の可能性も指摘されている。

内郭と巨大な穴

回廊状遺構の門の北に隣接するL字形の一本柱列（図17）は、この施設の内郭と考えられている板塀の痕跡である。ただ、門を入ってすぐの位置に閉塞施設としての板塀が配置され、視界をさえぎることから、官衙の内部施設としては適当でないという意見もある。しかし、その配置に着目すると、この空間を正方形と想定した場合、北辺の位置が回廊本体の東西中軸線に一致するなど、一定の関連性を示すことから、回廊の内部施設と考えてよいだろう。

内郭の内部には巨大な土坑が掘り込まれており、回廊状遺構に関連する数少ない遺構の可能性がある（図23）。L字形の土坑の底面の東西は平坦で、北西方向に傾斜がつけられている。調査がおこなわれた一九九三年当時（来住廃寺二二次）は、回廊状遺構との関連を積極的に説明することは困難と思われた。しかし、その後の整理研究の結果、なんの目的で掘られたものかは不明だが、出土遺物から回廊状遺構にかなり近い時期のもので、回廊状遺構にともなうものと考えるようになった。周囲に内郭の板塀がめぐることから、祭祀

図22●柱の抜取穴に残る壁土

の場ではないかと想像している。しかし、本当のところはよくわからない。これといって目立つ内部施設がみつかっていない回廊状遺構の性質を考えるうえで、注意しておく必要がある。

3　舒明天皇の伊予行幸

第1章で、斉明天皇の石湯行宮の話を紹介したが、この時期にこれとは別にもう一件、天皇の伊予行幸の記述がある。斉明天皇の夫である舒明天皇の伊予温湯宮《いよのゆのみや》行幸である。

『日本書紀』舒明天皇一一年（六三九）条に、つぎのような記事がある。

> 一二月の己巳《きし》朔の壬午《じんご》（一四日）に、伊予温湯宮に行幸された。
> この月に、百済川《くだらがわ》の傍らに九重塔を建立した。

図 23 ● **回廊状遺構内郭の巨大な穴**
施設を壊したときのゴミ穴ではないか、とも考えられるが、このような形に掘った理由の説明はうまくできない。

一二年春二月の戊辰《ぼしん》朔の甲戌《こうじゅつ》（七日）に、星が月に入った。

夏四月の丁卯《ていぼう》朔の壬午《じんご》（一六日）に、天皇は伊予からお帰りになり、厩坂宮《うまやさかのみや》に滞在された。

（新編日本古典文学全集4『日本書紀③』小学館、一九九八）

伊予行幸への出発日と帰還の月日を記した各一文の間に、我が国最初の官立寺院となる百済《くだらの》大寺《おおてら》起工の記事と、凶事の予兆とされる星蝕の話がわずかに挿入されただけの簡易な記述である。行幸の目的は記されていないが、直前の舒明一〇年一〇月から翌年正月まで、有間温湯宮《ありまのゆのみや》への行幸記事がみえるので、同様に道後温泉における湯治のためと考えられている。重要なのは、天皇一行の伊予滞在の期間が年末年始をはさんで四カ月近くにもおよんでいることである。

松原弘宣は、回廊状遺構の部分的な補修の痕跡の事実を踏まえて、回廊状遺構は舒明天皇の伊予温湯宮の一部として建設され、これをのちに補修して斉明天皇の石湯行宮としたのではないかと考えた。斉明天皇一行の遠征は、先に述べたとおり百済救援を目的としたため、短期間で決定されている。短い準備期間のうちに古い既存の施設を補修して、石湯行宮としたのではないかと松原は推測している。六三九年に建設され、六六一年に補修されて以降、天武期の南海地震が起こる六八四年までには廃絶したと考えると、区画溝から出土している遺物の年代観ともよく一致する。

舒明天皇は伊予温湯宮に四カ月近くにわたって、しかも年末年始をはさんで滞在していることから、さまざまな月例の行事に加えて大晦日や元日の儀式もおこなわれたであろう。回廊状遺構が行宮を構成する施設の一翼を担った可能性も十分にあると考えている。

六六一年に斉明天皇が石湯行宮に滞在した際、随行した額田王《ぬかたのおおきみ》に詠ませたと伝えられる歌が『万葉集』に集録されている。

熟田津に船乗りせむと月待てば潮もかなひぬ今は漕ぎ出でな（巻第一―八）

山上憶良による注釈によれば、この歌は、天皇が昔見た情景に接し、なつかしく思いつつ詠まれたものであるという。石湯行宮は斉明天皇にとって、舒明天皇の皇后であったころに亡き夫とともに訪れたなつかしい場所であったのだろうと推測されている。これによって、石湯行宮と伊予温湯宮が同一施設であった可能性はかなり高いとみられているのである。

王家とゆかりのある瓦

回廊状遺構とその周辺からは、来住廃寺創建以前にさかのぼる松山における最古の瓦が出土している。単弁十葉蓮華文軒丸瓦と三重弧文軒平瓦である（図24）。

単弁十葉蓮華文軒丸瓦は、回廊の区画溝や内郭の柱列と重複する廃棄土坑、さらに回廊北方官衙西辺の溝群から出土する。このため、回廊状遺構の中心部に瓦を葺いた建物があったとみる説が有力視されているが、近年、遺跡群北部における出土例が増加していることもあって、慎重に検討をおこなっている。

単弁十葉蓮華文軒丸瓦は、聖徳太子によって建立された摂津四天王寺の改修工事の際に使用された瓦の系譜を引くもので、その時期は七世紀中ごろと考えられている。これまでのところ十葉の形態のものは、久米官衙と四天王寺の二カ所でしか出土していない。単弁十葉蓮華文軒丸瓦は、もとは八葉の形態が基本で、四天王寺でも量的には八葉が主体を占めている。

舒明天皇発願による最初の官寺である百済大寺（吉備《きび》池《いけ》廃寺）の創建瓦は、単弁八葉蓮華文で、四天王寺でもこれとよく似た八葉の瓦が使用される時期がある。その後、四天王寺では改修工事などに際して、八葉から変化した単弁十葉の文様の瓦が用いられる。この瓦が、久米官衙の単弁十葉の直接の起源と考えられている（図25）。したがって、久米官衙の単弁十葉の起源をさかのぼると、四天王寺を介して百済大寺の瓦に至る。

百済大寺は、『日本書紀』舒明天皇一一年条に「百済川の傍らに九重塔を建つ」と記された寺で、吉備池廃寺が百済大寺であることが一九九七年の発掘調査によって明らかにされた。ここから、その後の山田寺式軒丸瓦や四天王寺の単弁八葉の原型となった瓦が出土したのである。舒明天皇が伊予温湯宮に行幸する直前に建設に着手した百済大寺の瓦に起源をもち、しかも、

図 24 ● **久米官衙の瓦**
幅広で肉厚な周縁部に一条の圏線がめぐることが最大の特徴である。

聖徳太子にゆかりの四天王寺で用いられたデザインの瓦を久米官衙が採用しているのは、単なる偶然ではなく、歴史的必然性にもとづいたものではないだろうか。舒明、皇極、孝徳ら、歴代天皇にゆかりの瓦のデザインを、久米官衙の瓦は受け継いでいるのである。

単弁十葉蓮華文軒丸瓦が久米官衙において特別な扱いを受けるに至ったのは、この瓦のデザインが、久米とかかわりの深い王家やそれをとり巻く人びとにゆかりのものであったからにほかならない。また、松山における初期の仏教文化のありかたを考えるうえでも重要な瓦である。

以上のことから、回廊状遺構が舒明天皇と斉明天皇の行宮の一部であった可能性は非常に高いと考える。史跡に指定されたのち、回廊状遺構の内部は土地の公有化が進められている。今後の調査によって謎の多いこの施設の内部の様子が解明されることが望まれる。

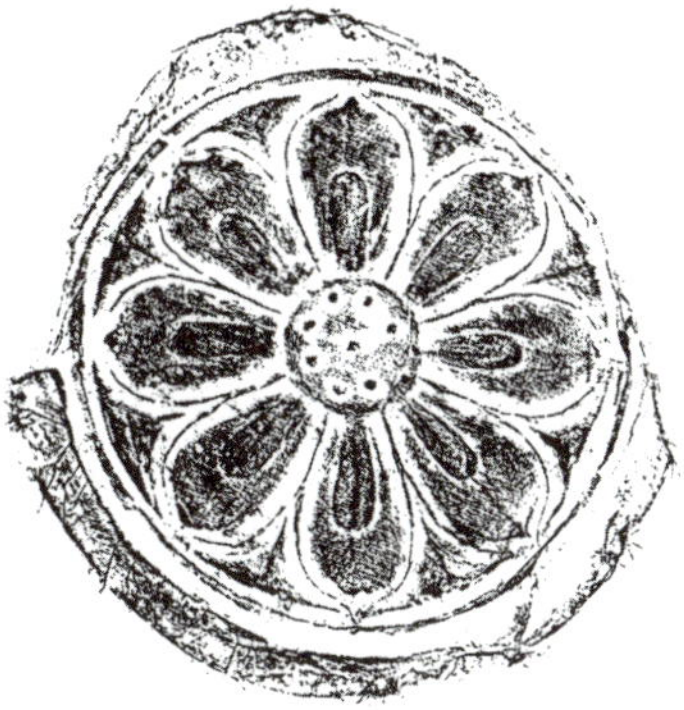

四天王寺　単弁八葉蓮華文軒丸瓦

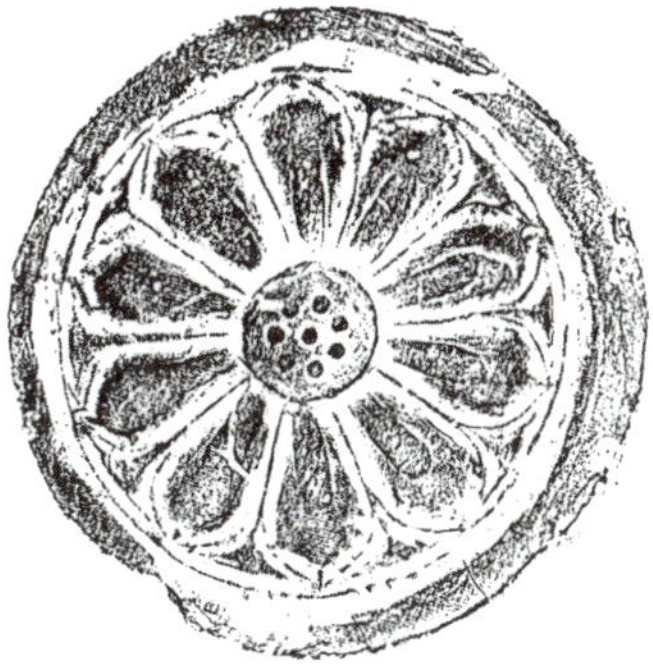

四天王寺　単弁十葉蓮華文軒丸瓦

久米官衙　単弁十葉蓮華文軒丸瓦

0　10cm

図25 ● **四天王寺から久米官衙への瓦の系譜**
両者の瓦は同一の木型でつくられたいわゆる同笵ではないが、十葉で重弧文軒平瓦がともなうなど、共通点が多い。

第4章　広がる官庁街

1　回廊北方官衙

収納のための建物群

本章では、地割により整然と区画された官庁街の姿を追ってゆこう。

回廊状遺構の北には方一町規模の役所施設があり、回廊北方官衙とよんでいる（図26・27）。方一町の敷地の西南部を仕切って、五棟の掘立柱建物が配置されていることが明らかになった。五棟の建物のうち、北端の掘立柱建物（01）は床面積がもっとも広いことから、この建物群の中心と考えられている。この建物と北から三棟目の掘立柱建物（02）については、内部にも柱が配置された床束《ゆかづか》建物であることから、多少床を高く上げた収納施設の一種であると考えている。床束をともなわないほかの三棟は土間の収納施設と理解できる。

租税を収納した正倉院（五一ページ参照）は、Ⅱ期の時点ですでに遺跡群西北部に設けられていることから、回廊北方官衙の収納施設は、回廊状遺構のために設けられた施設、あるいは未確認の回廊北方官衙そのものの中心施設に属する収納のための空間ではないかと想定されている。

地割と建物の配置関係

五棟の建物は外郭西辺の区画溝や一本柱列に対して平行に配置されている。これらの溝は、柴垣や塀がある程度長期間にわたってくり返しつくり直された結果、複数の溝が重複した状況に至ったものと考えられる（図26）。最初に設けられた柴垣では、溝を

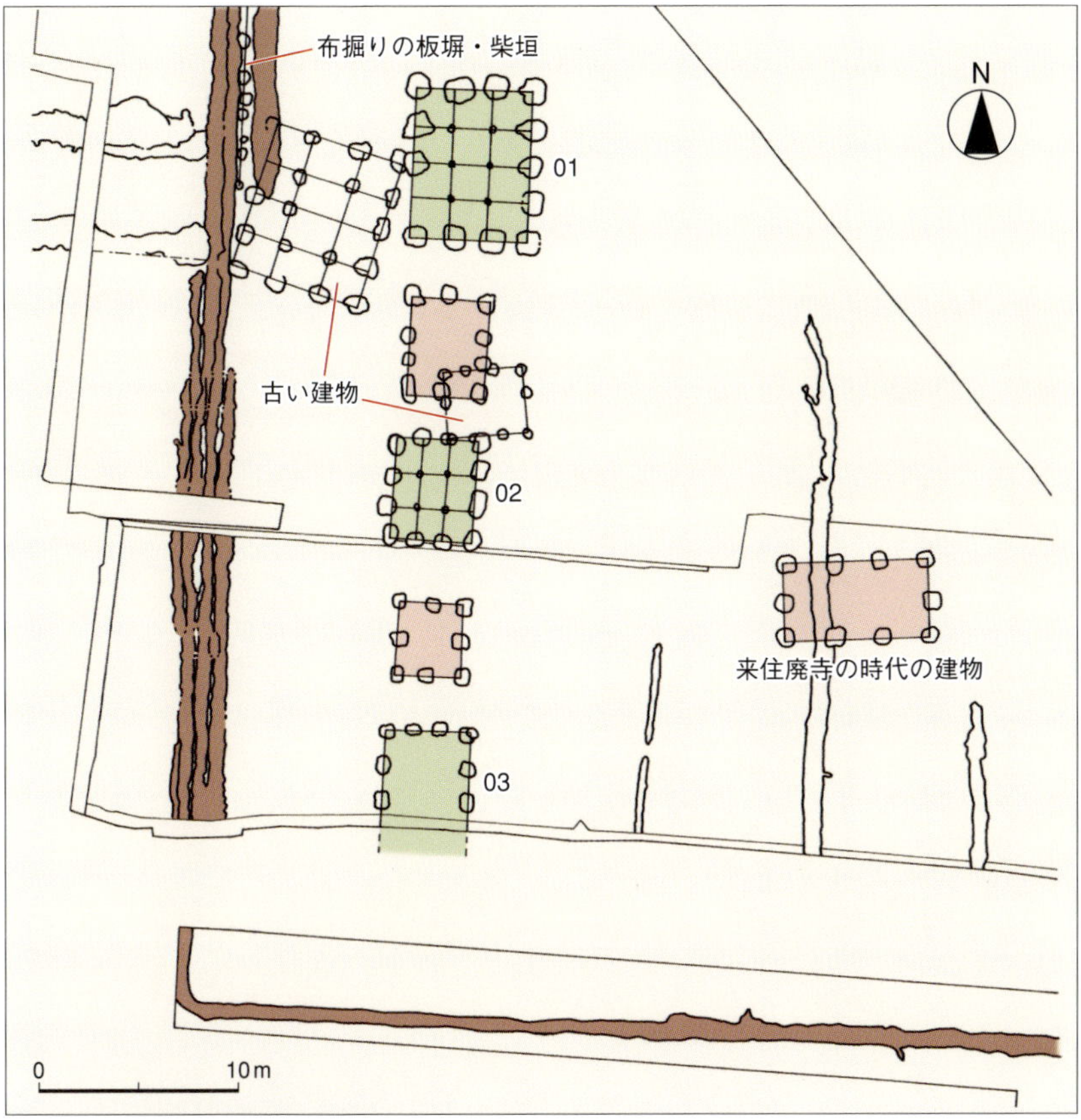

図 26 ● 回廊北方官衙南西部の建物
01～03 の 3 棟の間に建つ 2 棟は、建て替えられたものか、
あるいは後で追加されたものと考えている。

掘った際の工具痕跡にまじって、柴垣の杭を打ち込んだ跡や、埋め込んだ柴垣を抜き取った跡が確認されている。この柴垣の痕跡から建物群西辺までの距離は約九メートルで、これは先に説明したⅡ期の造営尺で三〇尺に相当する。

2　政庁南東官衙

政庁の補完施設

Ⅰ期の政庁に隣接する場所に、政庁南東官衙とよんでいるⅡ期の施設が配置されている（図28）。政庁の一部をはじめてみつけた久米高畑遺跡の一次調査の際に、この施設の西北角付近の建物数棟を発掘したのがきっかけであった。

一辺約四三・一メートル四方と想定されている外郭板塀の北辺は、方一町の区画地が配置されたⅡ期の地割の北限にあたっている。この官衙は、方一町の区画地の東北角を五分の二町四

図27 ●掘立柱建物01（北東より）
建物と各柱穴の規模にくらべて床束の穴は小さい。床は高くなかったとみられる。

方に区切った範囲を敷地としている。

この施設の内容が確認された一九九四年当時は、七世紀後半頃ごろの評制段階の政庁ではないかと考えられたこともあった。しかし、現在ではその建物配置のあり方から、政庁そのものではなく、政庁の近くにあって、政庁におけるまつりごとを補う役割を担った役所と想定されている。ただし、この役所が属するⅡ期の政庁は、まだ確認されていない。

政庁南東官衙の建物配置

これまでの発掘調査の結果、政庁南東官衙では建て替えも含めて掘立柱建物を一五棟確認している。

敷地の北奥に梁行が三間の東西棟が二棟重複して配置されており、これが施設の中心的な建物と想定される。このほかの建物はすべて梁行二間の構造であることと比較すると、特別な扱いを受けた建物であるという印象を受ける。二棟の建物のうち、先に建てられた建物（１）の平面形状は、桁行梁行ともに三間の正方形と推定され、復元すると西北角に幅一間の階段がつく高床構造の建物となる。建て替え後は、桁行六間（四〇尺）、梁行三間（一六尺）の身舎《もや》に、南と東の二面に廂《ひさし》が付く構造の建物（２）となる。ともに久米官衙では、ほかに例がない特殊な形の建物である。

これら中心的な建物の左右には、よく似た規模の脇殿的な南北棟が各一棟配置されている。このほか、東西棟を中心とした梁行二間の大小さまざまな建物が展開する。北奥の中心的建物の前面にも東西棟が建ち並ぶ、官衙としては特異な建物配置となるが、南辺の出入り口近くには狭いながらも中庭のような空間が設けられており、この点は政庁の建物配置に似ている。

一見すると密集した配置となっているようにもみえるが、この施設の建物配置は、二棟の中心的建物との柱筋の揃い方から二組に区分される。

西北角の建物（3）は、柱筋が揃う中心的建物（1）にともなうものと考えている。一方、東北の掘立柱建物（4）は、南辺柱筋が揃う中心的建物（2）と関係が深いと推測される。このほかの建物についても、二棟の中心的建物との柱筋の揃い方から、いずれかに区分できる。

このことから、二組の建物群は、建て替えが必要なほどある程度の期間にわたって存続した機関であることがわかる。

Ⅰ期の建物が移築されたのか

政庁南東官衙の建物からは、三種類の造営尺が抽出されている。

ひとつは一尺＝〇・二八八メートル程度の短いもので、最初の中心的建物（1）とその西の建物（3）、南の建物（6）から得られた。これは、一九ページで説明したⅠ期の造営尺と共通する。このほかの大半の建物は一尺＝〇・三〇〇メートルないし〇・三〇四メートル程度のⅡ期の造営尺で建てられている。しかし、ほかとくらべて方位が大きく西に振る掘立柱建物（5）だけは、一尺＝〇・二九六メートルほどの唐大尺と考えられる尺を基準としているので、建てられた時期がⅢ期以降に下るものと想定される。

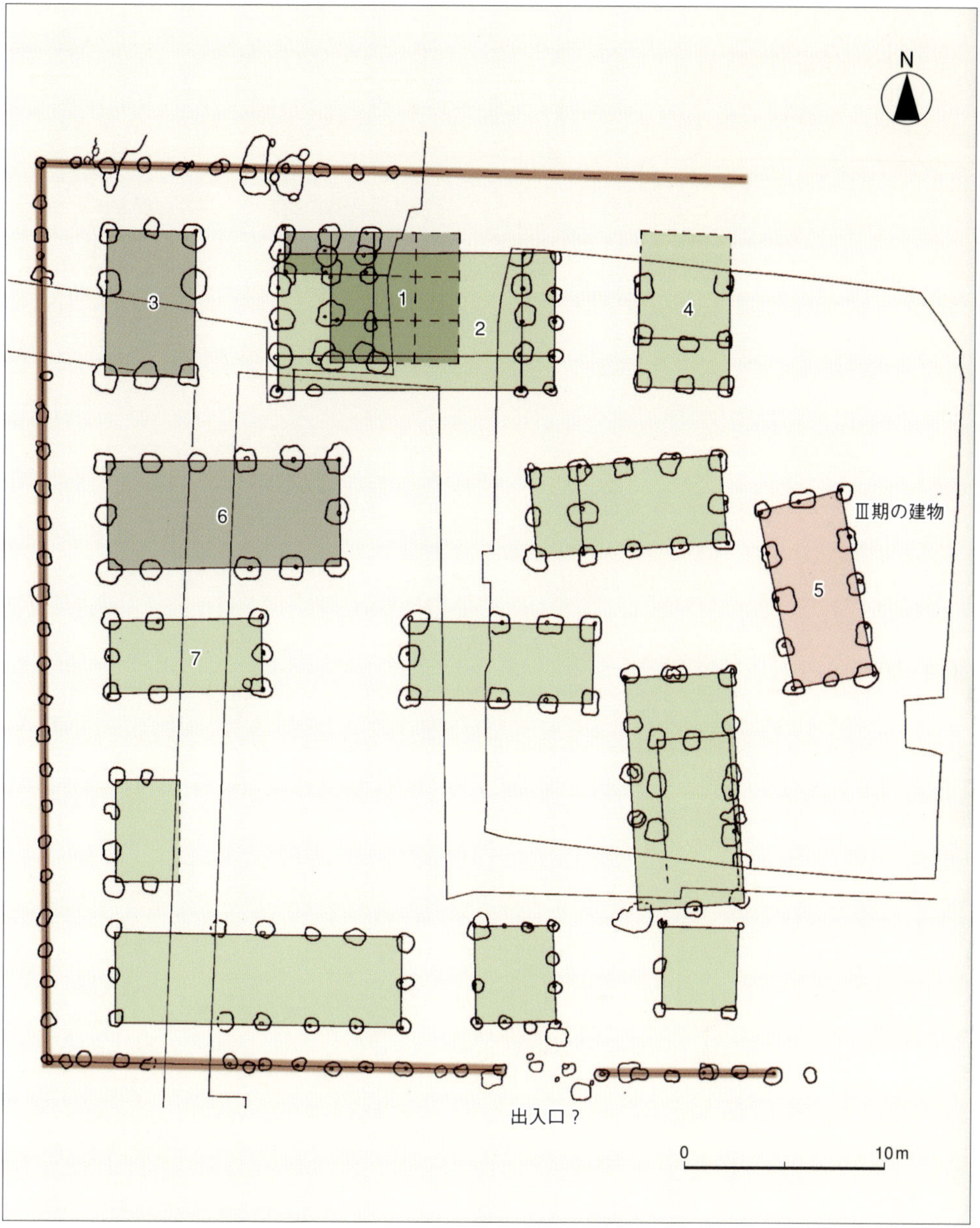

図 28 ● 政庁南東官衙の建物配置
2 を中心とする新しい段階の建物群は、一部に重複や近接して建てられた状況が認められることから、すべてが同時期に存在したものではないことがわかる。

問題となるのは、短い造営尺を基準とする三棟の建物である（1・3・6）。敷地の西北角寄りのこれら三棟だけがⅡ期の地割にもとづく施設のなかにありながら、より古い時期の特徴であるⅠ期の造営尺で建設された可能性がある。

これらの建物は、最初に建てられた中心的建物（1）を基準として柱筋を揃えた配置になっていることから、Ⅱ期の施設のなかでも、もっとも古い時期の建物であることに間違いはない。したがって、本来はⅡ期の地割設定時の一尺＝〇・三〇四メートル程度の造営尺を基準として建てられるべきなのだが、それよりも以前のⅠ期の造営尺（一尺＝〇・二八八メートル）が用いられている。このことから、これらの建物は、ほかの場所に建てられていた古い建物で、政庁南東官衙が建設されるときに、ここへ移築された可能性がある。Ⅰ期に相当する時期の建物を、施設の西北角にまとめて移築したのではないだろうか。

この想定にもとづけば、移築後の柱間寸法等に変更は生じない。変更があったとすれば、それは建物の高さであろう。柱をじかに地中に埋めていれば、柱の根元は腐りやすい。したがって移築する際に腐った根元を切った可能性がある。その場合、建物の屋根の高さが元より低くなったことは十分に考えられる。

これら三棟が建てられていた元の場所は、まだわかっていない。遺跡群において、Ⅰ期の造営尺で建てられた掘立柱建物は複数棟知られているが、同一の平面をもつ建物の痕跡は確認されていないのである。

将来、この遺跡群の周辺地区に展開する遺跡から検出される可能性もあるので、久米官衙遺跡群の成立と展開を、より詳細に知ることができると期待している。

3　正倉院

初期の正倉院

遺跡群西北部には、税として徴収された米などを納めた正倉院が配置されている（図29）。外郭を幅三メートルほどの濠によって囲われた大規模な施設である。これは、ⅢB期に新たに設定されたもので、本来は、Ⅱ期の地割に対応した方一町規模の敷地であったと考えられる。濠で囲われた新しい正倉院の内側に、二条の平行する素掘りの区画溝が東西に一〇〇メートルつづいている（図30）。これはⅡ期の地割における道路の側溝で、初期の正倉院はこの道の北側に設けられていた。東西道路沿いに少なくとも三棟の建物が建ち並び、建物の南側には、道路と平行の一本柱列が確認されている。道路に沿って目隠しの板塀が設けられていたらしい。一本柱列は二条あることから、つくり直されたものと考えている。塀の様子から、ある程度の期間にわたって、Ⅱ期の施設は維持されていたことがわかる。

円形柱穴の倉

三棟並びの掘立柱建物のうち、中央の建物は総柱構造の高床の倉である。重要なことは、この建物が少なくとも二度の建て替えを経て長期間存在している点である。

図 29 ● **正倉院**
敷地の西辺沿いに倉と屋が列をなして配置されている。中央から東部の一帯は通用口に面した広場で、建物はなかったと推測している。

柱穴の重複関係から、まずはじめに円形の柱穴によって構成される倉が建てられたことが判明した。その後、この建物を撤去して、少しだけ場所をずらして方形の柱穴による倉に建て替えをおこなっている（図31）。

久米官衙遺跡群の建物の特徴は方形柱穴の建物だが、この建物の最初の柱穴は、より古い時期の特徴である円形に掘り込まれているのである。したがって、この倉は、おそくともⅡ期にはすでにこの場所に建っていたと考えられる。

二度目の建て替えは、八世紀中ごろとなる。その詳細は、濠で囲われた新しい段階の正倉院を説明する際にあらためて触れよう。

道路側溝

Ⅱ期の段階で、すでに成立していたと考えている正倉院の南面は、地割に対応する東西方向の道路に面している。路面は後世の削平によって失われているが、二条の平行する道路側溝が東西約一〇〇メートルにわたってつ

図30 ● Ⅱ期正倉院南面道路と柱列
道路を歩く古代の役人からは、左手につづく正倉院南面の板塀の向こうに倉や屋の屋根が見えただけであろう。

づいている（図30）。溝の幅は〇・五～〇・七メートル程度で、双方の間隔は約三メートルである。回廊北方官衙の区画溝のように、断面に柴垣を抜き取った痕跡や、工具痕跡が残されていることはなく、底はほぼ平らに仕上げられていた。

この道路側溝は、正倉院を濠で囲い直して拡充した際に埋め立てられるのだが、その造成土の中に、久米官衙最古の瓦である単弁十葉蓮華文軒丸瓦（図24）が含まれていた。側溝が埋まった具体的な時期を示す遺物は出土しなかったが、全国の一般的な正倉院の成立時期を参考にして、八世紀の中ごろと考えている。なお、側溝から出土した瓦は、回廊状遺構付近で使用されたものが、後に遺跡群北部の政庁周辺で再利用され（区画E、七四ページ参照）、最終的にゴミとなって廃棄されたものだろう。

遺跡群東南部では、七世紀後半のうちに回廊状遺構などが廃絶し、来住廃寺が造営されるが、西

図31 ● 円形柱穴の倉から方形柱穴の倉へ
古い段階の円形柱穴から方形柱穴を経て、最終的に礎石建ちふうの倉に建て替わる過程で、柱穴埋土の色が黒色から灰褐色に変化する。地表面の環境が人間活動によって急速に変わったものと考えられる。

北部にあたるこの場所では、正倉院の濠が掘られるまでの間、Ⅱ期の地割は維持されたと考えられていることから、これら二条の道路側溝は、一世紀あまりにわたって機能していた可能性もある。

久米官衙遺跡群で、街路の変遷とその実態をもっとも的確に知ることができるのが、新旧の正倉院が重複して立地するこの場所なのである。

正倉院の拡充

Ⅱ期の地割にもとづいて設けられた七世紀代の正倉院は、その後、八世紀の中ごろに方一町規模の敷地の外側を濠で囲い直されて面積も拡大する。

濠の規模は、その外周で東西一二〇ないし一二五メートル、南北約一四〇メートルである。正方形のⅡ期正倉院の外側に、幅三メートルほどの濠をめぐらせて長方形の施設に改変された。元の外周施設や内部の建物を壊すことなく、施設としての機能を維持したまま、外から囲い直したものと考えられる。

改変後の施設における最大の特徴は、敷地が南に大幅に拡張され、新たな建物が配置された点にある。Ⅱ期正倉院南面の街路から約三〇メートル離れた場所に南濠が設けられた。この距離は、当時の尺度でおよそ一〇〇尺に相当する。この拡張された敷地に、二棟の長大な東西棟と小規模な南北棟が三棟配置された。ただし、二棟の東西棟は、左右対称に配置されているわけでなく、同一の規模や形状でもない。また、三棟の小規模な建物の並びについても、後にやや大型の建物二棟に建て替えられている。これら正倉院南部に増設された建物は、複数の段階に区分可能である。

二棟の長屋

東西二棟の長大な建物は同時に存在したものではなく、異なる時期に機能していたものと考えられる。これら二棟の建物は総柱構造の倉ではなく、側柱《がわばしら》だけからなる建物である（図32）。このような構造の建物のことを、当時、屋《おく》とよんだことが史料からわかっている。長大な屋という意味で、ここでは長屋《ちょうおく》とよぶことにしよう。

ところで、正倉院とは、役所に所属する公の倉、つまり正倉を配置した敷地を意味するが、その内部には高床構造の倉だけでなく、このような屋も一定数含まれていたことがわかっている。当時、税として徴収された物品にはさまざまなものが含まれていただけでなく、その主体をなした米についても多様な形態で納入されており、予定された保存期間に対応して高床の建物と土間の建物が使い分けられていたと考えられている。翌年の種籾《たねもみ》として出される予定の米は、穂の状態のまま、出し入れのしやすい土間の建物に収納された。一方、長期間の保存を考える場合には、高床の倉に収納された。このように正倉院内部の建物の形態を知ることは、古代の税制を知るうえで重要なことなのである。

二棟の長屋は南に拡張された敷地のもっとも目立つ場所に建てられ、それぞれの南面には、目隠しの塀が設けられていた。敷地の外から見ると、塀の向こうに長大な建物の屋根だけが見えていたに違いない。このような景観がつくりだされた背景には、民衆に対して権力を誇示する意図があったのではないかと考えられる。

柱穴断面の観察結果から、二棟の長屋に共通する特徴として、柱の抜取穴の中に、壁土に由来すると考えている灰白色の粘土の塊や粒が含まれる点をあげることができる。同様の現象は、回廊状遺構の正殿的建物とこの二棟を含む四棟の建物でしか確認されていない。拡充された正倉院において、この二棟が特別に重要な意味をもった建物であったことを示している。

濠の構造

正倉院の南濠では調査が何度もおこなわれ、その構造がよく知られている。その状況を説明しよう（図33）。

南濠の全長は、南辺で約一二五・四メートルに復元される。濠本体の幅は二・七五メートル、深さ約

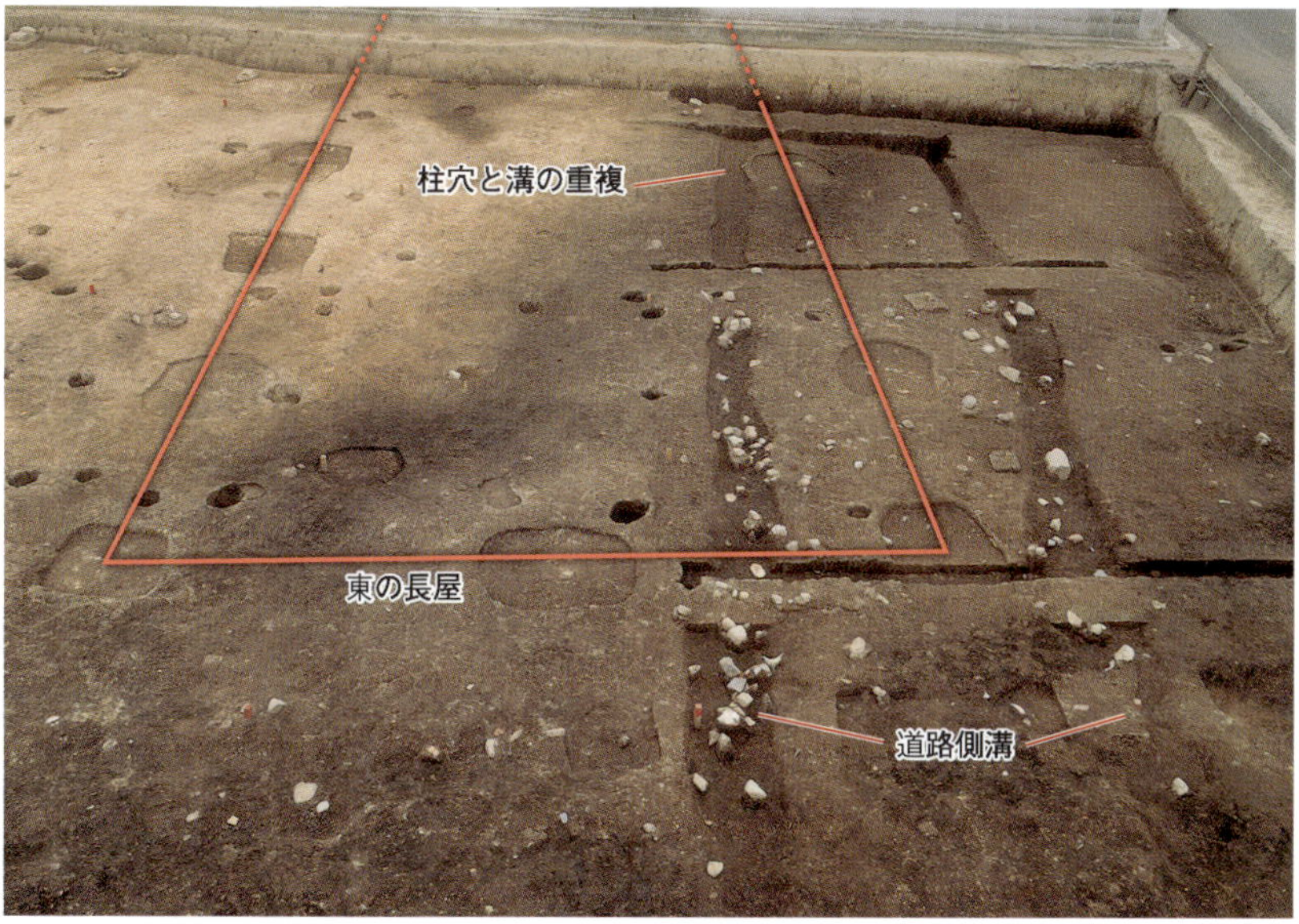

図32 ● **東の長屋とⅡ期の道路側溝**
Ⅱ期の道路側溝が埋まってから、長屋の柱穴が掘られている。柱穴と溝がわずかに重複していた。遺跡群のなかでⅡ期とⅢ期の前後関係のわかる貴重な例である。

一・一メートルで、この内側に幅約一メートル、深さ〇・三メートルほどの浅い段がつく。ただし、中央付近の東西二三メートルほどの区間には、こうした段はつかない。おそらく、ここが正面の出入り口であろう。

南濠のなかでも、とくにその断面構造をくわしく知ることができた東部の状況から、浅い段の部分も含めて、図33の下の図のように復元している。当時の地表面における濠幅や濠の底の幅に加えて、深さについても、尺度にもとづく規格が存在したものと考えている。当時の地表面の高さ

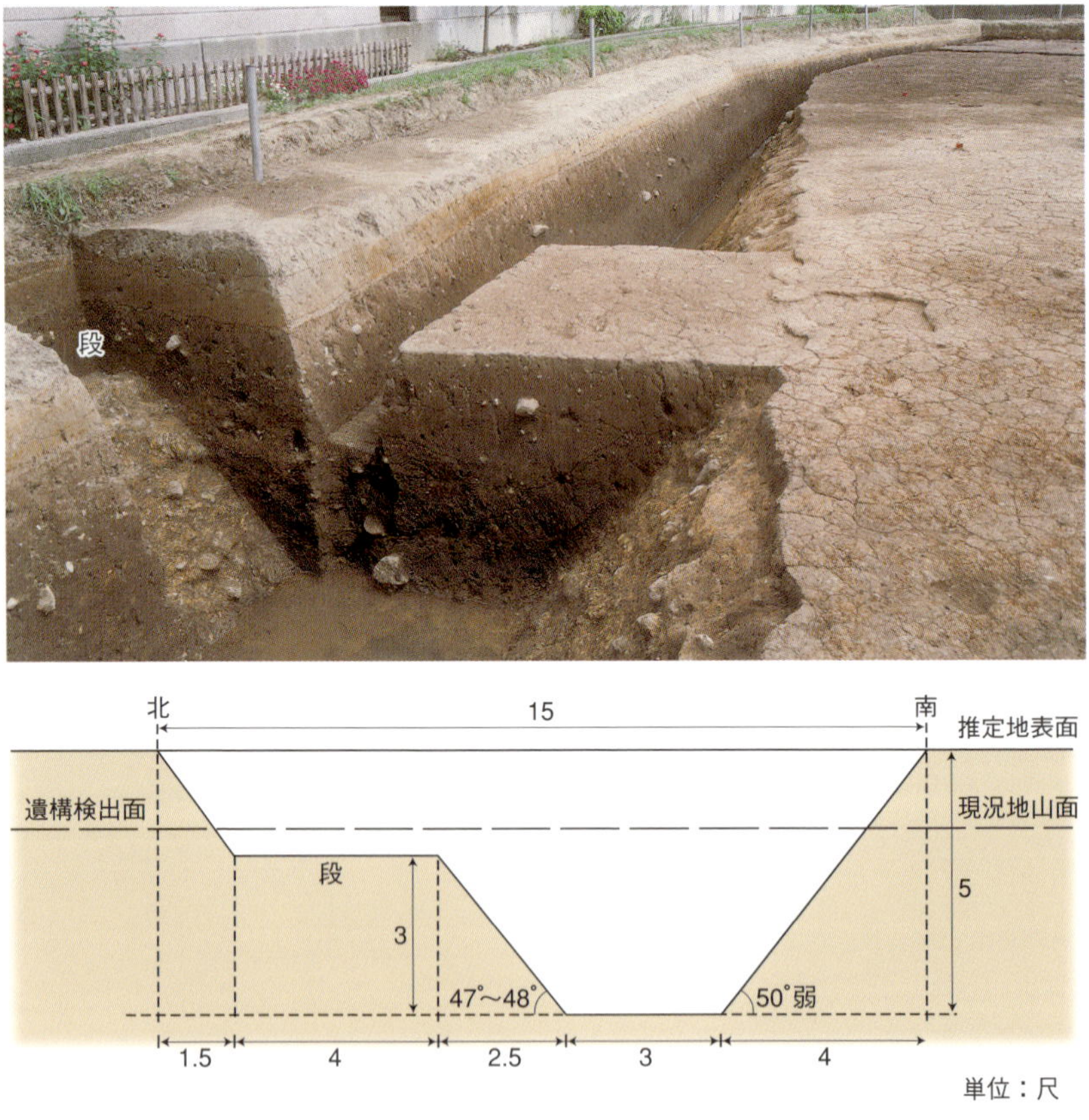

図33 ● **正倉院南濠と南濠東部の復元**
後世の水田開発によって当時の地表面は削られ、失われているので、当遺跡の場合、遺構本来の形や規模を復元することは重要な課題である。

を遺跡の実態から割り出すことはむずかしいが、尺を基準として、決められた深さに掘られたと考えれば、中途半端な寸法に設定されることはなく、きりのよい整数が選択されたはずであるという前提に立って推定値を割り出した。この場合の造営尺は〇・二九七メートル程度で、一般的な唐大尺である。

礎石建ちふうの倉への転換

先に、Ⅱ期の正倉院南辺近くに位置する円形柱穴の倉が、後に方形柱穴の倉に建て替えられることを説明した（図31）。この建物は、さらに礎石建ちふうの倉に転換される（図34）。

建て替えは正倉院が濠で囲われる時期と共通の八世紀中ごろのことと考えられている。この時期、各地で礎石建物の正倉が出現することから、当遺跡群においても同様の改変がおこなわれたのであろう。ただし、正倉院のこの建物については、礎石建物とよぶには問題がある。みつかった二石の規模が通常の礎石と比較してかなり小さく、しかもこのうちの一石は、割れた石が用いられているのである。

また、石の上面を当時の地表面とみなすと、礎石の上面は現在の耕作土層の直下くらいにあたり、大幅に削平を受けてきたとみられる遺跡群の旧地表面とまったく合わないことになってしまう。遺跡の遺存状況の実態に照らして、礎石とよんでいる石の位置が低すぎるのである。

以上二つの問題点が存在するために、積極的に礎石建物とよべないのが実情である。再度同じ場所に建て直す際に、解体した掘立柱建物の腐った柱の根元を切り取り、浅い掘方の底に石

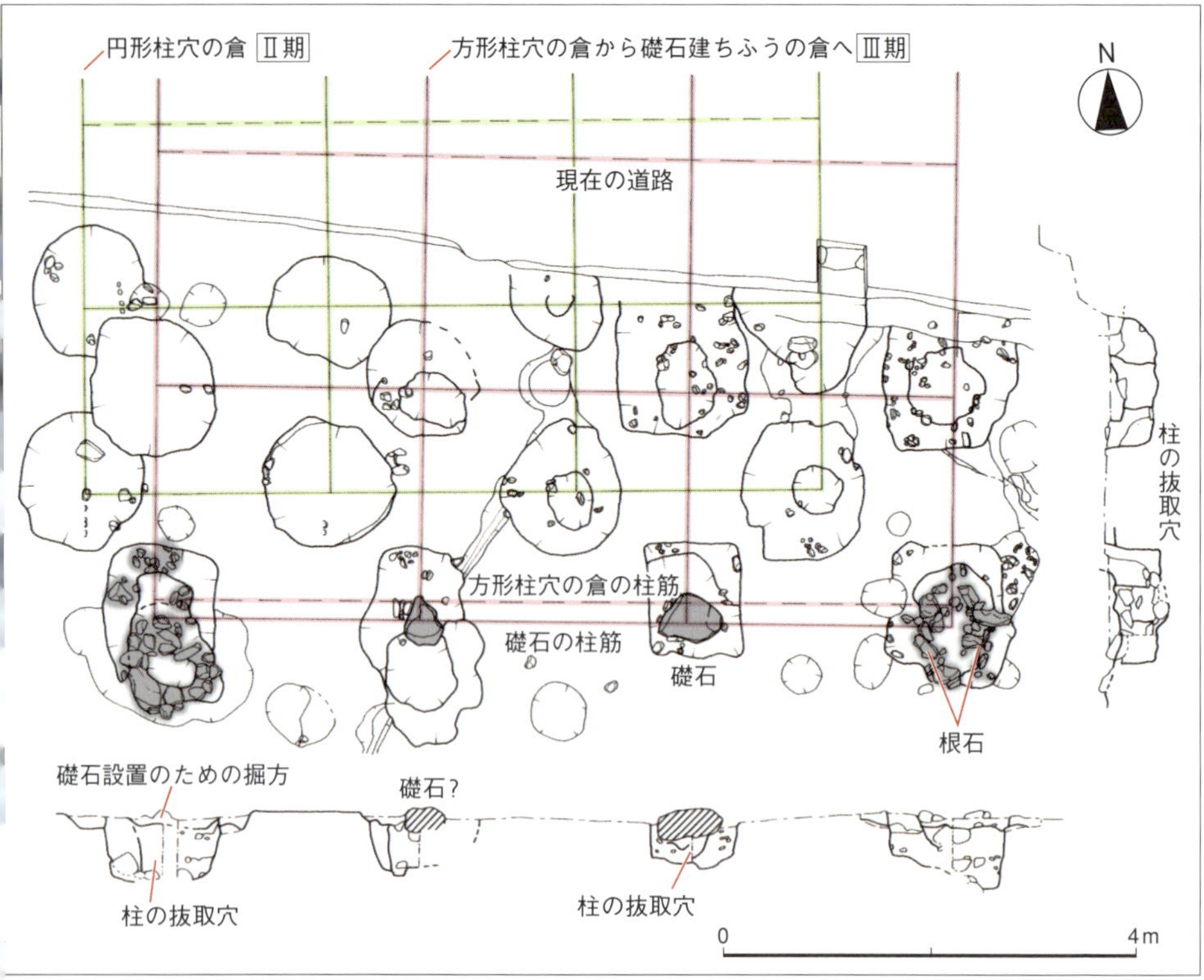

礎石の根石

方形柱穴と礎石

図 34 ● **礎石建ちふうの倉**

礎石ふうの石やその根石は、方形柱穴の柱抜取穴を埋めた跡を浅く掘りくぼめた上に置かれていた。

を置いて安定を図ったのではないだろうか。礎石のようにみえるこれらの石は、建て替え時に柱の根入れの深さを浅くするために置かれた礎盤の一種と考えられる。礎盤とは、柱の根元が沈み込むのを防ぐ目的で置かれた礫や瓦などをいう。

建て替え前の方形柱穴による倉の規模と、建て替えられた倉の規模が同一であることは、建物の平面構造に変更がなかったことのあらわれであって、柱の根入れの深さだけが変えられたのであろう。

4　久米官衙と道後温泉

第1章で述べたように、松山は道後温泉の存在もあって、王家とのつながりがとくに深く、全国に先がけて地方官衙が出現する。本章では最古の官衙の主要な施設のあり方をみてきたが、ほかにも松山には畿内とのかかわりを示す遺跡が幾つか存在する。その調査成果を最後に紹介しておこう。

道後湯月町遺跡

二〇〇五年三月、松山市道後湯月町《ゆづきまち》にある道後温泉本館のかたわらで、七世紀中ごろの畿内産土師器四点を出土する池状の巨大な穴がみつかった（図35）。池状の巨大な穴は、平安時代から明治期に至る間に何度か掘り直されており、土壌の化学分析の結果、温泉成分に由来する硫黄が高い密度で含まれる土層が確認された。過去にさまざまな温浴施設が設けられてきた一帯であることから、地中に温泉成分が滞留することは自然なことで、この穴が古代にさかのぼる温泉施設であると断定する証拠にはならないとする考え方もある。

しかし、当地では出土事例がきわめて少ない畿内産土師器（図36）がまとまって出土した意味は、当時の温泉の場所や伊予温湯宮と石湯行宮の立地場所を探るうえで重要であろう。

なお、道後温泉に関して、『日本書紀』天武天皇一三年（六八四）条に「壬辰《じんしん》（一四日）に、人定《いのとき》になって、大地震があった。国中の男女が

図 35 ● **道後温泉本館と道後湯月町遺跡**
都市化が進行した町中の、しかも道後温泉本館のすぐそばで古代の遺跡が発見されたのは、驚きであった。

叫び惑《まど》い、山は崩れ川は溢《あふ》れた。（中略）この時、伊予湯《いよのゆ》泉は埋没して出なくなった」（新編日本古典文学全集４『日本書紀③』小学館、一九九八）という記述がある。

地震によって単に湯が止まるとする記述ではなく、埋没して出なくなったと書かれていることを重要視したい。山が崩れるほどの大地震である。泉源がふさがったうえに、湧出が停止したのであろう。埋没して出なくなった温泉が回復することを祈っておこなわれた祭祀の場が道後湯月町遺跡の近くにあって、畿内産土師器は、この国家的な儀式に際して朝廷からの使者によってもち込まれた道具の一部ではないかと思う。王家にゆかりの温泉である。回復を祈る儀式が畿内ふうにとりおこなわれたと考えたい。

なお、道後湯之町出土と伝えられる単弁十葉蓮華文軒丸瓦が一点知られている。久米官衙出土のものと同笵とみられるこの瓦の存在から、付近には古代寺院（湯之町廃寺）が存在するものと考えられてきた。都市化が進行した結果、寺の実態を知ることはできないが、行宮の存在を考えるとき、この瓦が道後の一角から出土したとされることは気にかかる。

久米窪田Ⅱ遺跡

来住廃寺の東約八五〇メートルに位置する久米窪田Ⅱ遺跡で、単

図 36 ● **道後湯月町遺跡出土の土師器**
ヘラで磨く際につけられた放射状の文様「暗文」が
特徴の素焼きの土器。

弁十葉蓮華文軒丸瓦が一点出土している。建物配置には役所的な特徴が認められない遺跡なのだが、木簡や硯、墨書土器など官衙に特有の遺物が出土している。

八世紀後半以降に年代の中心があることから、久米官衙の政庁が、のちにここに移転したのではないかと考えられたこともあったが、よくわかっていない。

南久米町遺跡五次調査

政庁の北、約一五〇メートルの地点で実施された南久米町遺跡（図37）から単弁十葉蓮華文軒丸瓦一点が出土した。

調査地は政庁の背後を西流する堀越川の段丘地形を隔てた場所である。官衙的な施設はみつからなかったが、単弁十葉蓮華文軒丸瓦は、掘立柱建物の近くから出土している。ただし遺構にともなうものではない。しかし、この瓦が堀越川より北の区域から出土した事例は、先に述べた道後の湯之町廃寺の例以外に知られていない。後世の客土によって運ばれたものであろうか。あるいは、由緒ある建物に葺かれていた瓦を記念にもち帰った官人がいたのだろうか。興味は尽きない。

図37 ● 南久米町遺跡
奥に見える住宅地の手前を堀越川が流れる。その向こうが政庁。

第５章　寺院の建立

1　来住廃寺

寺院の建立と回廊状遺構の廃絶

来住廃寺はⅡ期の主要な施設が出揃った後、七世紀の後半に建立された。その伽藍地は、西限が回廊状遺構の門のすぐ東に設定されている。つまり、この寺の造営に合わせて、回廊状遺構は廃絶したのである。

現在、門の東を南北に通る幅の狭い市道の東端付近で来住廃寺の瓦が捨てられた南北方向の溝が一条確認されており、伽藍地西限にあたると推測されている（図38）。現在の市道は、当時、寺の西限に沿って設けられた南北道路をそのまま受け継いでいるのである。

回廊状遺構が廃絶した正確な時期は特定されていないが、北回廊の区画溝から出土した須恵器（図18参照）の形態が七世紀第3四半期ごろのものであることに加えて、近年新たに知られるようになった金堂の創建瓦（図40・47下）の特徴などから、同第3四半期の終わりまでには廃絶し、寺の造営が開始されたものと考えている。そのつくり方の特徴から、七世紀の末まで時期が下ることはないとみられる。

寺が回廊状遺構に重なる位置につくられたのは、この重要な施設に対する記念のためとする説がある。天皇にゆかりの記念碑的な寺であったのかもしれない。

寺院地と伽藍地

金堂や塔、講堂など寺の主要施設が配置された中枢部を伽藍地とよぶ。また、伽藍地の周辺にあって、寺の諸活動と関連の深い区域を寺院地とよんでいる。

来住廃寺の造営にあたって、回廊状遺構のおよそ東半分を伽藍地の一部として設定した理由は、その西側の半町幅の帯状の土地を寺院地として利用するためであったのではないかと考えている。つまり、伽藍地に寺院地を加えた寺の空間を、回廊状遺構や回廊北方官衙の西限よりも東に設けることを意図したものと思われる（図38）。

寺院地には、来住廃寺の瓦を礎盤として使用した掘立柱建物が複数棟ある。また、その北の回廊北方官衙の区域であった場所には、来住廃寺と共通の一尺＝〇・二九七メートル程度の造営尺によって建てられた建物があり、これについても、寺の事務をとりおこなった部署の建物ではないかと推測している。

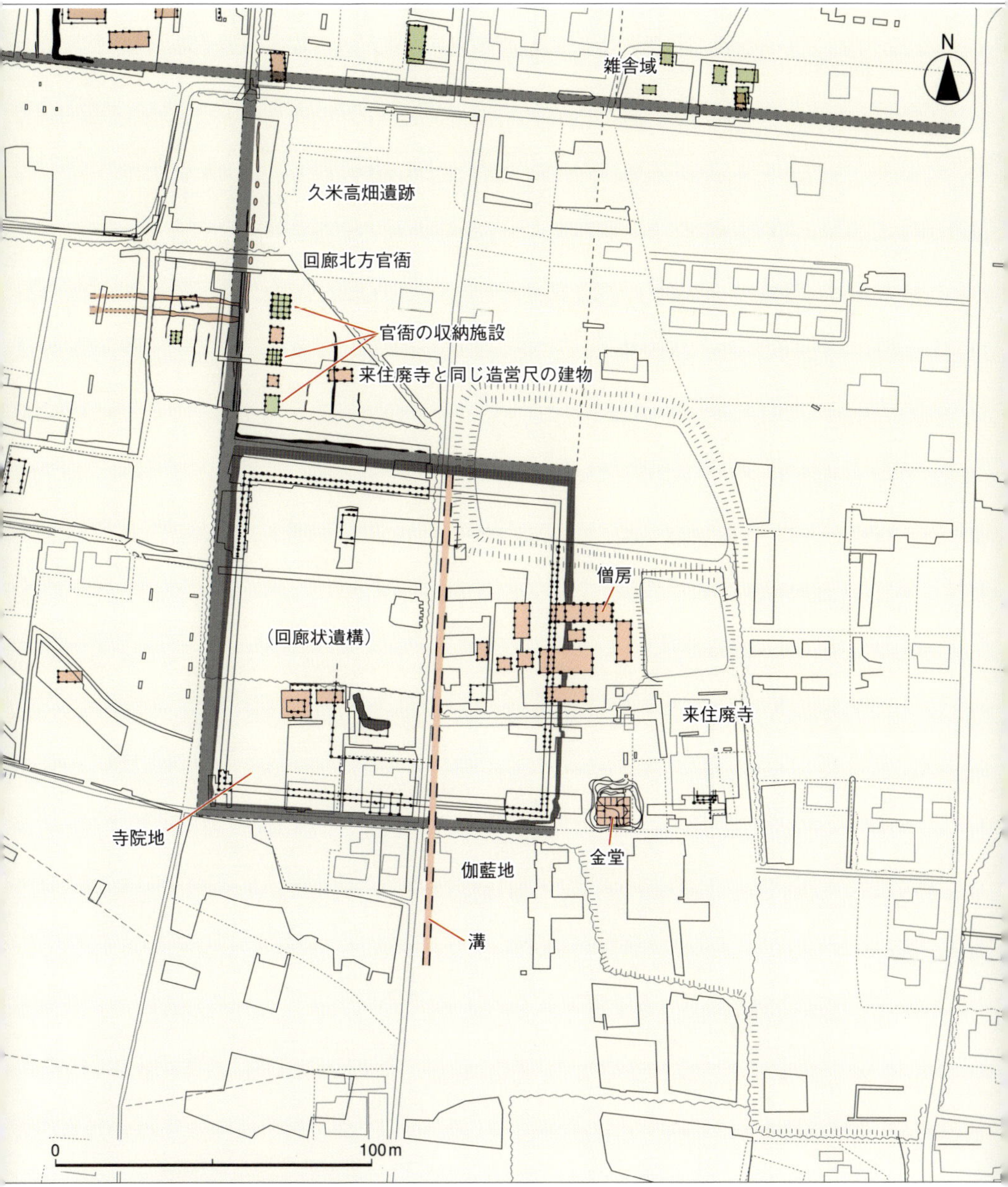

図 38 ● **来住廃寺の寺院地と伽藍地**
来住廃寺造営後の建物と主な区画施設（Ⅲ期）を赤色で示した。
溝で伽藍地と寺院地を分けている。

金堂基壇

久米官衙遺跡群の調査は、開発にともなう調査も含めて官衙の展開を把握することに主眼がおかれたため、一九七九年に史跡として指定され、保護が実現している来住廃寺の中心部を掘る機会は、しばらくなかった。しかし、二〇〇五年以降、年に一回、寺の中心部の様相を探る目的で発掘調査をおこなっている。

久々に来住廃寺における本格的な調査が再開されてすぐに、大きな成果が得られた。それまで、塔基壇と考えられてきた場所が、金堂の基壇であることが確定したのである（図39）。

金堂基壇の規模は、現状で東西約一三メートル、南北約一一メートル、高さ〇・九メートルである。元の位置に現存する礎石が七基、礎石の抜取穴が七カ所確認され、金堂の規模は、桁行三間（五・七九メートル）、梁行二間（三・八六メートル）の身舎《もや》で四面に廂がつく。廂の出は約二・五メートルで、

図 39 ● **来住廃寺の金堂基壇**
来住廃寺跡に建つ長隆寺移転前の 1994 年ころの様子。
当時は、塔の基壇と考えられていた。

建物全体の規模は東西約一〇・八メートル、南北約八・九メートルに復元される。基壇外装は明確でなく、掘込地業とよばれる基礎工事もおこなわれていない。建物が比較的小規模である一方、基壇高が高い点が特徴的である。

来住廃寺の中心部では、僧房と考えられる掘立柱建物が一棟確認されているだけで、塔や講堂は未確認である。このような状況下で、金堂の発見はきわめて重要といえる。

創建当初の瓦

金堂の発掘調査によって、これまで知られていなかった軒丸瓦が二種類出土した。複弁七葉蓮華文軒丸瓦と、単弁八葉蓮華文軒丸瓦である（図40）。調査開始から四〇年が経過して、新型式の瓦が発見されたことは驚きであった。

これら二種類の瓦は、金堂基壇から少し離れた過去の調査地点からは出土していないことから、以前から

複弁七葉蓮華文軒丸瓦

単弁八葉蓮華文軒丸瓦

図 40 ● **新たに出土した来住廃寺の瓦**
どちらの文様もほかに類例がないめずらしいものである。

知られていた法隆寺式複弁蓮華文軒丸瓦（図47下）とともに、金堂所用の瓦である可能性が高いと考えられている。当時は、ひとつの建物の屋根に、複数種類の瓦を葺くこともめずらしいことではなかったのである。

これらの軒丸瓦と組み合う可能性があるのが、四重弧文軒平瓦である。七世紀後半の短期間だけ官衙で使用された三重弧文にくらべて、圧倒的に出土量が多い。

瓦堂

二〇〇九年、金堂基壇に近接した場所から、瓦堂《がどう》とよばれる焼き物でつくられたお堂のミニチュアが出土した（図41）。これは、東海や関東地方で出土例の多い瓦塔《がとう》の類似品で、四国では徳島県の石井廃寺についで二例目となるめずらしいものである。建物の基壇から扉の下部にかけての破片であるが、扉の軸受けのための小穴がうがたれるなど、写実的につくられている。屋根の破片とみられるものも出土しているが、壁の部分が未発見であるため、高さはわからない。

瓦塔や瓦堂は、これ自体が信仰の対象とされたか、あるいは仏

図 41 ● 瓦堂
本例のように、建物の外形を円筒形に表現する場合もしばしばある。
矢印の所に扉の軸受けの小穴がうがたれている。

像や経典を納めた厨子のような使われ方をしたのではないかと考えられている。松山の地に根づいた信仰の証である。

鴟尾

来住廃寺が国の史跡に指定されるきっかけとなった、一九七七年の調査の際に出土した鴟尾《しび》は二個体ある。鴟尾は金堂などの屋根の大棟《おおむね》の両端につけられた金銅あるいは瓦製の飾りである。伝説上の魚の鯱《しゃち》や鳥の鳳凰《ほうおう》の尾羽をかたどったものといわれる。

松山市考古館に展示されているものは、このうちの一点である（図42）。別の一点は、魚の鱗《うろこ》を表現した部分が、段差をつけて表現された展示品とは異なり、線による描写である。来住廃寺金堂の場合、よく似ているが若干デザインが異なる鴟尾が屋根の左右を飾っていたものと考えられる。このように、左右で鴟尾の型式が異なることは、めずらしいことではない。

図 42 ● **鴟尾**
小さな破片数点を元にした復元品。

2　謎の方形区画

政庁跡地に設けられた謎の施設

Ⅰ期の政庁に重複して、一辺約三二・七メートルの一本柱列で囲われた正方形と推定される官衙の敷地がある。この場所は、地割北限である政庁南東官衙の北西にあたっている。政庁南東官衙の北辺に東西道路を設定してⅡ期の地割の北限としたが、政庁付近の地形が堀越川に向かって北に張り出しているこの場所に、区画を設けて活用を図ったものと考えられる。この区画を区画Eとよんでいる（図43・44）。

この敷地の中には、桁行七間の比較的大型の南北棟が一棟と、一本柱列によって西辺を連結された奇妙な配置の二棟の東西棟が平行に位置している。

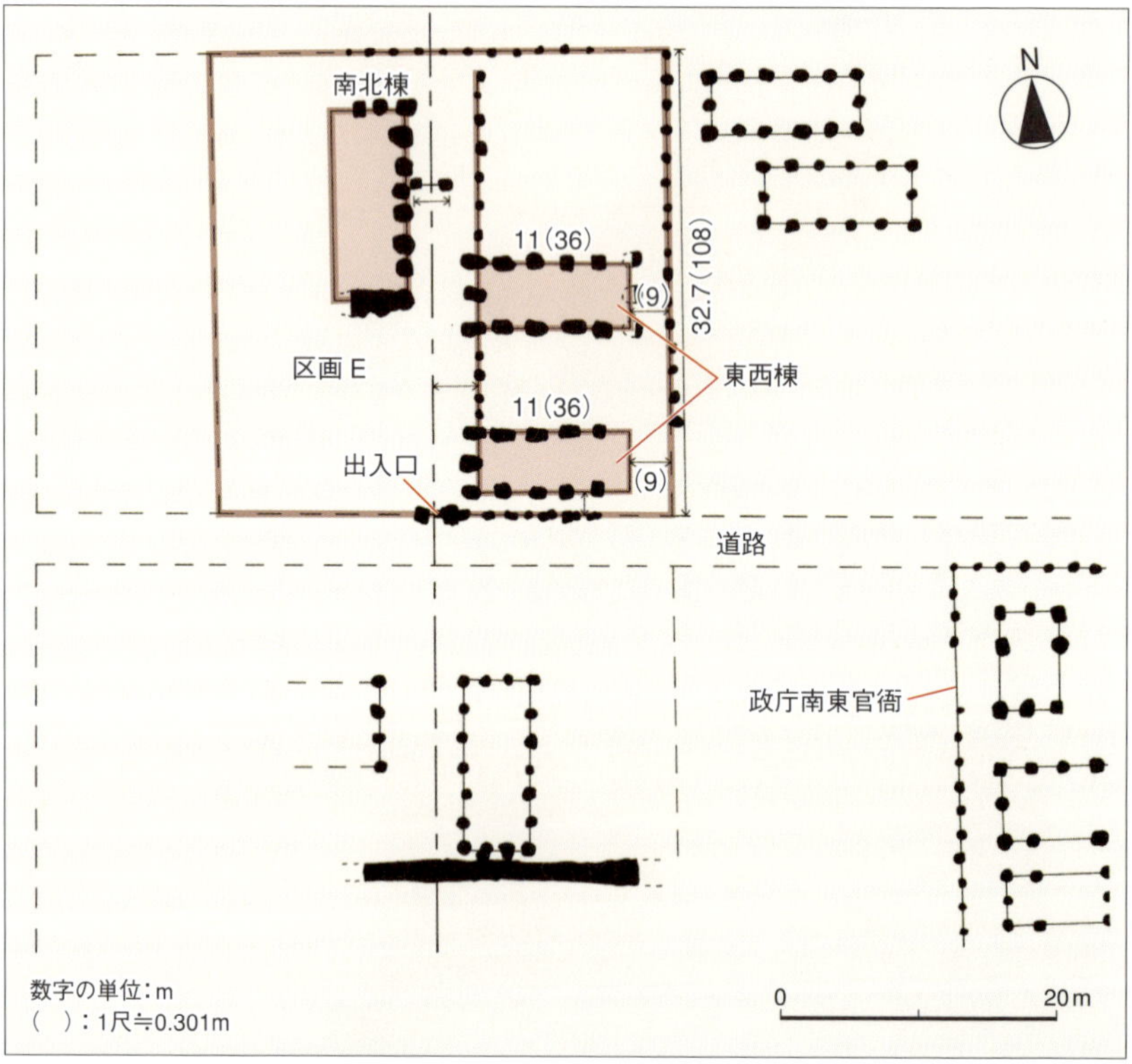

図 43 ● 謎の区画Ｅ
区画Ｅの外形については、東西に細長い長方形であった可能性もある。

図44●**区画Ｅ全景**
政庁の各建物を壊して設けられた施設。Ⅱ期の地割を基準としているが、建物はⅢ期に造営された可能性がある。外郭南辺の柱列は建て替えられていることから、ある程度の期間使われたらしい。

敷地の推定規模とこの二棟の配置ならびに個々の建物規模については、図43に示すように一定の規格性を見出すことができる。

ところが、もっとも規模が大きい南北棟の規模と配置だけは、うまく説明することができない。建物西辺が未検出で、梁行規模がわからないことがその理由のひとつだが、建設された時期が異なることにともなう造営尺の違いを反映している可能性があり、今後の課題のひとつとなっている。

瓦を出土する建物

区画Eの内部施設である三棟の掘立柱建物のうち、二棟の柱穴から単弁十葉蓮華文軒丸瓦にともなう丸瓦と平瓦の破片が出土している。二棟の東西棟のそれぞれ柱穴の埋土中からの出土で、柱の抜取穴から出土したものではない。

これらの建物を含む区画Eは、Ⅱ期の地割を基準として配置されているものの、回廊北方官衙の建物の一部と同様、その建設はⅡ期の初めのころにくらべてかなりおくれたのではないかと想定している。これらの瓦は、Ⅱ期の代表的な施設である回廊状遺構付近で最初に用いられた可能性が高く、それがゴミとなって柱穴の埋土中に含まれるので、七世紀後半でも第４四半期以降に下ると想定している。

その時期は、遺跡群東南部において地割の一部が変更され、来住廃寺の造営が始まるころに対応していることから、Ⅱ期の地割にともなう施設ではあるが、ⅢA期まで出現が下るのかもしれない。このように考えることによって、回廊状遺構の造営尺と若干尺長の異なるこの施設の造営時期を説明することが可能と考えている。

仏堂の移転先なのか

区画Eが、どのような役割を担った施設であったのか、知る手がかりはまったくない。ただし、少量とはいえ回廊状遺構内部で使用されていたと推定されている瓦片が出土することから、この瓦の再利用先がこの施設の周辺に存在すると考えられる。また、建設された時期が七世紀でも終わりに近い段階と推定される。これらのことから、初期の仏堂に祭られていた仏像を、寺院の建設に先立って遺跡群北部のこの場所に移したのではないだろうか。

南北に並行する二棟の東西棟を一本柱列で連結するというきわめて特異な形状のこの施設に関して、関東地方でみられる集落内寺院とよばれる宗教施設に似ているとする意見もあり、仏教施設の一種として考えてみたい。

陶仏台座

正倉院の西北角にほど近い場所で、焼き物でつくられた仏像を安置するための台座ではないかと推測される遺物が一点出土している（図45上）。直径一三〇ミリ、高さ七八～八〇ミリの円筒形で、下面がわずかにくぼんでいる。上面には不整形な浅いくぼみが二つ彫り込まれているることから、仏像の足を安定させるための調整ではないかともいわれているが、本当のところ

図 45 ● **陶仏台座とその出土地点**
下の写真左上に正倉院の北西角がみえる。陶仏台座は、濠とは別の方形区画の埋土中から出土した。

はわからない。

建物の装飾に用いられた装置の一部ではないかとみる考えもあって、これが本当に仏像を置くための台座であったのか断言できる状況にはないが、側面に蓮の花弁を模した八枚の蓮華文が彫り込まれていることから、仏教と密接なかかわりのある品であることは間違いない。加えて、その胎土の性質と焼成具合の特徴が、先に久米官衙最古の軒瓦として紹介した単弁十葉蓮華文軒丸瓦に非常によく似ているので、想定される初期の仏堂との関係も注目される。

仏堂が遺跡群北部に移転したと仮定すると、このような遺物が遺跡群の西北端部から出土する理由の説明も可能かもしれない。松山における仏教文化のはじまりを語るうえで、重要な品物のひとつといえよう。

ところで、この陶仏台座は、正倉院西北角の濠から西に約一〇メートルのところに掘り込まれた別の方形区画の溝の中から出土した（図45下）。

方形区画の溝は、幅一・二〜一・八メートル、外周は一辺約九・四メートル四方である。中央付近に浅くて小さな穴が一基存在することと、溝の埋土が正倉院の濠とよく似ていること以外に特徴はないが、官衙の関連施設と推測している。

外周の溝を掘った際に生じた土を基壇状に盛り付け、そこになんらかの宗教施設が立地していた空間なのかもしれない。

3　法隆寺とのつながり

道後平野の軒瓦

道後平野では、これまでに八カ所で奈良時代ごろの軒瓦が出土しており、この多くが寺院址とみられている（図46）。来住廃寺を除く多くの遺跡でその実態は明らかでないが、いずれの地点においても、法隆寺式軒丸瓦が出土することが知られている。

道後平野に法隆寺式軒丸瓦が多く分布することについて、鬼頭清明《きとうきよあき》は、法隆寺の寺庄が多く存在したこととかかわりがあるのではないかと考えた。この学説については、今日では必ずしもそのまま賛同できないといわれているが、道後平野に法隆寺式軒丸瓦が集中することは事実であり、第1章で述べた聖徳太子に絡む伝承が示すように、法隆寺や太子との特別なつながりが背景にあることを示す現象かもしれない。

来住廃寺の法隆寺式軒丸瓦

来住廃寺金堂の創建瓦は、図40の複弁七葉蓮華文軒丸瓦と単弁八葉蓮華文軒丸瓦に加えて、従来から知られていた法隆寺式の複弁八葉蓮華文軒丸瓦（図47下）を含む複数の種類が使用された可能性が指摘されている。

来住廃寺の法隆寺式軒丸瓦のデザインは、一般的にいう法隆寺式（図47上）と完全に一致するものではなく、若干の違いがある。

もっとも大きな相違点は、典型的な法隆寺式では外区と内区の境目に、圏線とよばれる一本の線があるが、来住廃寺のものにはない点である。この圏線を欠く特徴は、道後平野の同種の瓦に普遍的に認められる。これは、当地の寺院が、その成立にあたって畿内の有力寺院と深い関係にあったことを示す一方、完全な模倣ではなく、独自性を発揮した側面もあったことをうかがわせる。

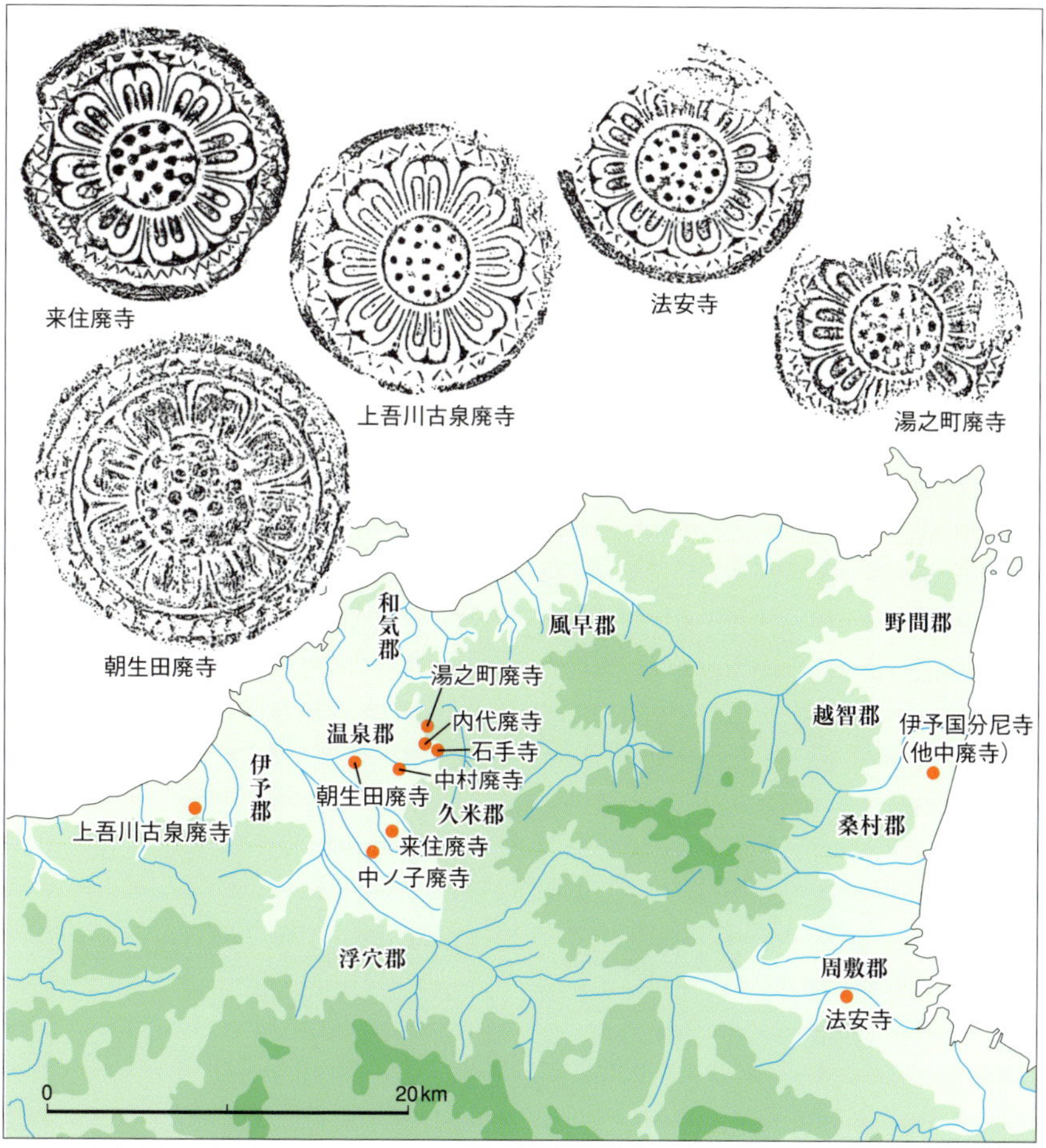

図46 ●奈良時代の法隆寺式軒瓦が出土する寺院址
亀田修一らの研究による。道後平野では、法隆寺系の軒瓦が出土する地点が多いことが知られている。

法隆寺金堂創建の軒丸瓦

来住廃寺の瓦

図 47 ● **法隆寺と来住廃寺の複弁八葉蓮華文軒丸瓦**
圏線の有無以外にも異なる点が認められるが、法隆寺の瓦を手本としてつくられたことは明らかである。

第６章　政庁の出現はいつか

1　モデルは飛鳥の宮？

畿内の諸宮

久米官衙遺跡群が七世紀の前半には出現していたと考える場合、そのモデルとなった施設がどこかにあったかと考えるのが自然だが、その可能性がもっとも高いのは畿内であろう。

この当時の宮殿は、天皇の代替わりごとに移されるのが一般的であったと考えられている。大化改新直後の難波宮《なにわのみや》や天智天皇の大津宮《おおつのみや》など、飛鳥《あすか》以外の地に宮が置かれた時期もあったが、その一方で、飛鳥の宮は一貫して維持されたとみられている。その場所は現在、飛鳥京跡の名称で史跡に指定されている一帯である。

この宮は、舒明天皇の飛鳥岡本宮《あすかおかもとのみや》としてつくられ、その後、皇極天皇の飛鳥板蓋宮《いたぶきのみや》、斉明天皇の後飛鳥岡本宮《のちのあすかおかもとのみや》を経て、天武・持統両天皇の飛鳥浄御原宮《きよみはらのみや》に至るまで、天皇の代替わりごとに補修や増設をくり返しながら維持され、この時期の宮の中心的な役割を担うことになる。

推古天皇の小墾田宮

久米官衙政庁の出現は、おそくとも七世紀前半に求められることから、そのモデルとなった可能性のある天皇宮としては、多少さかのぼる七世紀初めころを含めて、推古天皇の小墾田宮《おはりだのみや》と舒明天皇の飛鳥岡本宮に限られる。このほかにも、聖徳太子一族の斑鳩宮《いかるがのみや》をはじめとする皇族や有力者の宮が存在したが、実態はほとんど知られていない。

舒明天皇の飛鳥岡本宮については、飛鳥京跡におけるもっとも下層の遺構がそれにあたるといわれているが、発掘調査では上層の宮殿遺構を壊さないよう小面積の調査にとどまっているため、実態はわからない。したがって、久米官衙政庁の構造の起源を考えるうえで唯一参考になる宮殿は、推古天皇の小墾田宮だけということになる。ただし、小墾田宮とて詳細が判明しているわけではない。『日本書紀』に記された内容の分析から、その構造を考察した岸俊男《きしとしお》の研究があるのみである（図48）。宮門を入ると広場の両側に脇殿風の建物があり、大門をともなう閉塞施設のさらに奥に大殿が位置していたと考えられている。

このような宮殿の構造を、久米官衙政庁の直接の祖型とみなしうるのか、現状ではなんとも評価のしようがない。今後、飛鳥の宮殿の詳細が解明されることを期待したいところではある

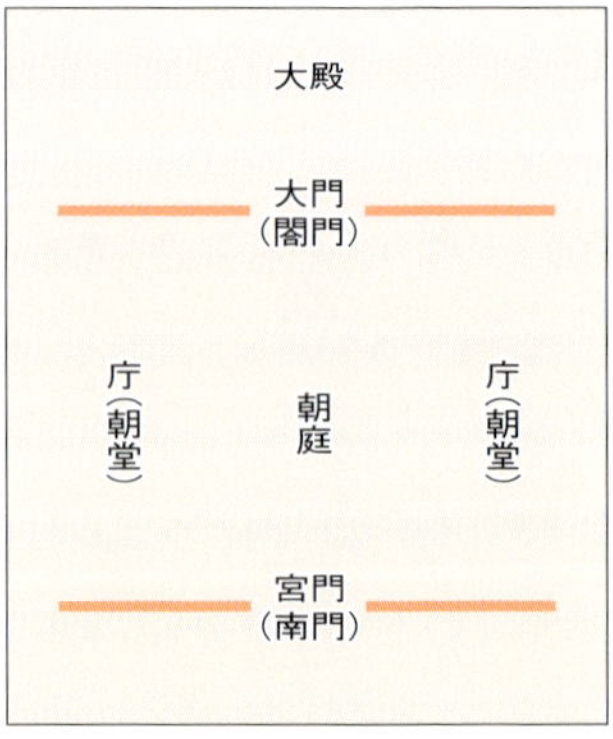

図48 ● 小墾田宮の復元（岸俊男説）

かもしれない。

が、その一方で、詳細が明らかでない飛鳥の諸宮の実態を、久米官衙政庁を通して見ているの

木造基壇の存在

回廊状遺構の正殿的建物の南面と北面には、浅い素掘溝が各一条掘り込まれている（図21参照）。建物の桁行方向に平行し、東西の柱筋から南北に約一・八メートルの等距離に位置することから、軒先から落ちた雨水を受ける雨落溝と考えられてきた。これに似た溝をともなう建物は、これまでに計四棟が知られている。

回廊状遺構の正殿的建物の溝に関しては、建物の全容が明らかでないことからなんともいえないが、久米高畑遺跡でみつかった別の建物の桁行の片側に平行に掘り込まれた溝の場合、深いところと浅い部分が連続して掘り込まれていたり、溝の場所が建物の正面に限られており、いずれかの方向に水を流したとはみられない構造であるなど、たんなる雨落溝と考えるには不自然な特徴を示す。久米高畑遺跡五次調査の掘立柱建物の場合、溝の断面観察の結果、なんらかの物を抜きとったような痕跡が確認されている。

これらの建物にともなう溝は、木造の基壇外装を埋め込んだか、抜きとったものではないかと考えている。木造の基壇外装とは、建物の基礎部分に土盛りをし、その周囲を木材で固めたもので外から見ると、今でいうウッド・デッキのように見えるものである。畿内では、飛鳥の建物のなかに木造基壇をともなう可能性があるものが複数知られている。久米官衙が古い時期

の宮殿建築に起源をもつのであれば、これらの溝を木造の基壇外装の痕跡と想定することも十分可能であると考えている。

方形柱穴採用の時期

一般的に、官衙施設の特徴のひとつとして、方形柱穴の採用があげられる。久米官衙遺跡群の主要施設のなかではⅡ期の正倉院において、総柱構造の倉が円形柱穴のものから方形柱穴のものへ建て替えられる事例が知られており（図31参照）、円形から方形へという変化の方向性については問題ない。

それでは、方形柱穴の採用時期は、具体的にいつごろなのであろうか。

近年の研究成果から、政庁出現以前にさかのぼる六世紀末から七世紀初頭ころに、方形柱穴が採用された可能性が想定されている。具体的には、官衙出現以前の掘立柱建物のうち、第三群とよんでいる段階のものに一定以上の割合で方形柱穴によるものが認められた。

次節で、造営尺の視点とあわせてくわしく説明しよう。

2　官衙出現直前の集落と建物

政庁出現以前の建物

図49は、回廊状遺構の西方に展開する官衙出現以前の掘立柱建物について、さまざまな視点

を加味して分類した結果を示している。

建物相互の柱通りの具合や、建設に用いられた造営尺の違いをもとにして、五つの建物群に区分した。このうち、第一群と第二群の正確な年代は不詳であるが、第一群については六世紀代、第二群は六世紀第4四半期から末まで下る可能性を想定している。

注目されるのは第三群である。この段階から一定割合で方形柱穴が採用され、第五群までこの傾向がつづく。第五群の時期は、政庁出現直前の七世紀第1四半期ごろと考えているので、第三群の出現時期は六世紀末から七世紀初頭を中心とする時期にあてられる。小墾田宮で聖徳太子が推古天皇の摂政として活躍した時期にあたる。

久米官衙遺跡群では、第三群の建物が出現する六世紀末から七世紀初頭前後に、方形柱穴の採用に特徴づけられる建物の画期が認められるのである。

つぎに注目したいのが、第五群の造営尺の寸法である。この段階の一尺は、およそ〇・二八八メートルと分析している。これは、I期の政庁における造営尺と共通するものである。出土遺物の形態も政庁の時期と対応することから、政庁の継続期間と併行する時期の建物である可能性も考えたが、方向が政庁とは異なるので、先行する段階の建物群と考えるのが適切と評価している。

造営尺の変化

これら五つの建物群の変遷過程は、柱穴同士の重複関係や出土遺物の年代観に加えて、造営尺の寸法差という視点からもとらえられる。とりわけ、短い尺長のものから徐々に長いものへと変化する状況がうかがえるのは重要な成果と考えている。造営尺の尺長の変化は、官衙の出現に直接つながる集落の移り変わりを示すものかもしれない。

3　尺度の変遷からみた年代

唐尺以前の短い尺

古代中国に起源をもつ尺の歴史は、尺長が徐々に長くなる「長尺化」の流れのもとで語られることが一般的である。六世紀末から七世紀初頭のわが国の尺の様相を考えるにあたっては、当時、関心が向けられていた中国における尺度を念頭におくべきで、当遺跡群で認められた長尺化の傾向についても、この視点から評価すべきである。久米官衙における長尺化の背景には、当時のわが国の対外交渉の実態が反映されているのではないかと推測している。

久米官衙遺跡群における唐大尺よりもかなり短い尺の変遷過程が、古墳時代後期から終末段階にかけてのわが国の尺の実態を反映したものであるならば、畿内の諸宮のあり方とも無縁なはずはなく、飛鳥の地にこそ、その源流を求めうるのではないだろうか。将来、久米官衙と同様の造営尺の展開を飛鳥においてみつけることができるのではないかと期待している。

実態が明確でない七世紀前半以前の畿内の諸宮の様相の一端を、すでに久米官衙遺跡群において垣間見ているのかもしれない。

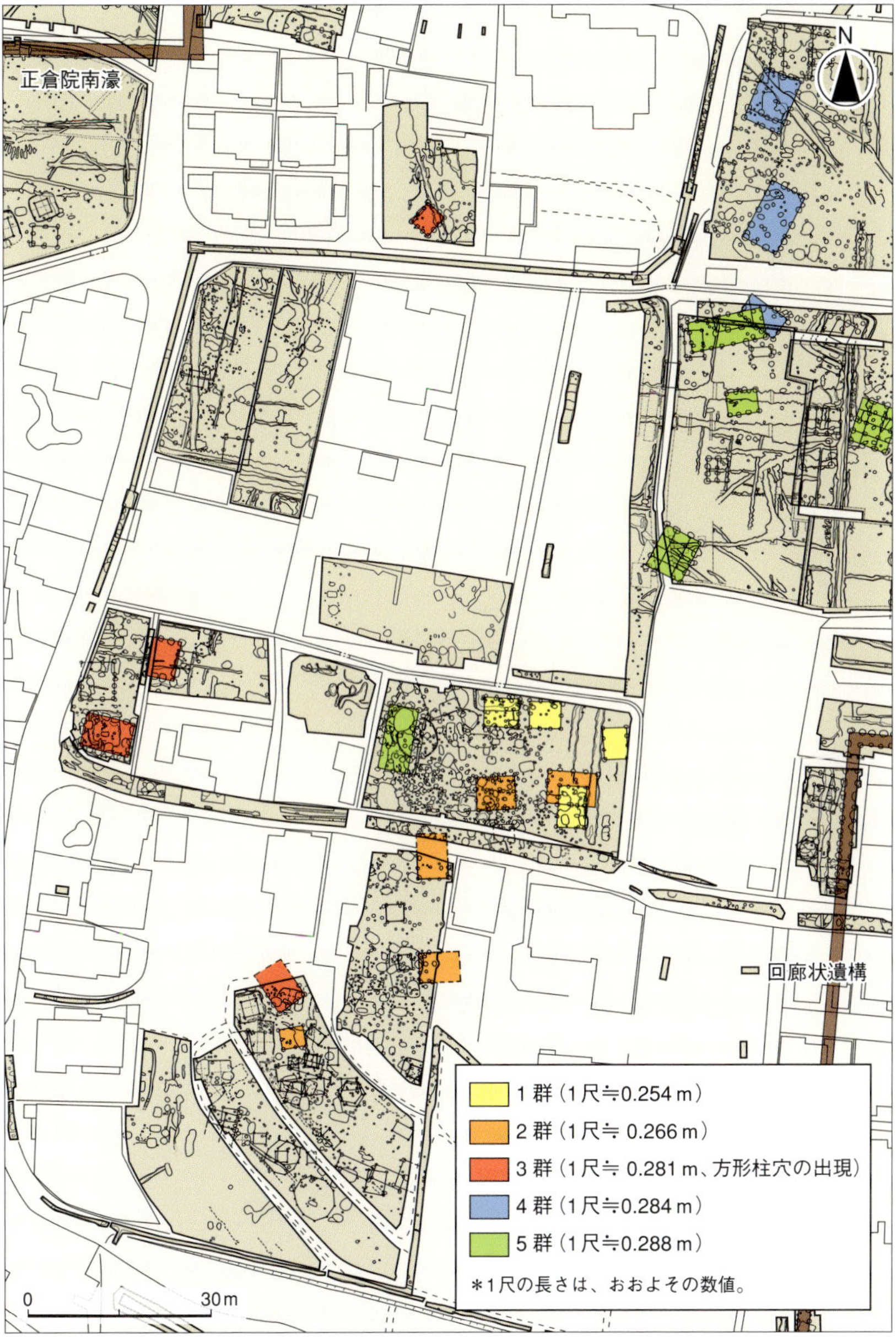

図 49 ● **官衙出現以前の建物群**
6 世紀初めごろからの約 1 世紀間の建物の移り変わりの様子。
造営尺は徐々に長くなってゆく。

なお、尺長〇・二八八メートルのⅠ期政庁の造営尺の起源については、六〇〇年とされる遣隋使の派遣か、これ以前にさかのぼる可能性を考えている。この時の遣使の実態については、記紀になにも記されておらず詳細は不明であるが、『隋書』に倭国から使者が来たことが記載されている。この遣使をきっかけとして聖徳太子による諸改革が本格的に始まったと想像すると、この時までにもたらされた文物のなかに隋あるいはそれ以前の王朝の物差しが含まれており、これをとり入れて形にあらわされたのが、久米官衙遺跡群なのではないかと考える。あるいは隋の母体となった北朝系の諸王朝に起原をもつ尺ではなく、南朝や朝鮮半島に起原をもつ尺なのかもしれない。

官衙遺跡群における造営尺の変遷

官衙施設の建設に用いられた造営尺の寸法が、遺跡群の段階ごとに異なっていたことについては折にふれて述べてきたが、ここであらためて確認しておこう。

Ⅰ期の政庁から抽出される一尺の長さは〇・二八八メートルである。これは、官衙出現直前の建物と推定している第五群で使用された造営尺と共通する。

つづいて、回廊状遺構に代表されるⅡ期の冒頭で採用される造営尺は、大幅にのびて一尺が〇・三〇四メートル程度に達している。地割の設定もこの寸法を基準としておこなわれた。この寸法は、一般的な唐大尺にくらべて五ミリ以上長いものである。

ついで、久米官衙の造営尺が大きな画期を迎えるのは、来住廃寺が造営されるⅢ期の冒頭のことである。おそらく、寺院の建築技術にともなって導入された新しい尺と考えている。尺長はⅡ期のものよりも大幅に短くなって、一尺＝〇・二九六メートル程度である。これは、一般的に言う唐大尺の寸法に一致しており、八世紀後半の正倉院でも使われている。一方で、遺跡群北部の七世紀中葉以降の施設のなかに、〇・三〇八メートル程度のものが存在するなど、来住廃寺造営の前後には錯綜した状況が認められている。

六世紀末から七世紀初めの画期

政庁出現以前の建物群の第三群から方形柱穴が採用されることと、さらに第二群と第三群の間に認められる造営尺の明確な寸法差をもって、六世紀末から七世紀初めの時期に画期を認めることができる。推古朝における変革の動きを敏感に反映して、久米官衙遺跡群においても画期としてあらわれたのであろう。このことは、きわめて早い段階における政庁の出現と大いにかかわりがあると考える。

最後に、第1章で述べた来目皇子の話を思い起こしてもらいたい。聖徳太子の実弟来目皇子が西国へ派遣されたのは六〇二年であり、久米官衙出現直前の集落で変化が認められた時期と重なるのである。無論、来目皇子が久米の地へ立ち寄ったことを証明できる証拠はなにもないが、この官衙がほかに先がけて出現する理由を来目皇子の遠征に求めることは十分に可能だろう。古くからつづく久米と王家の親密な関係のもとに聖徳太子とその一族、上宮王家とのかかわりを経て、舒明と斉明の行幸へとつながっていくものと想定している。

第7章　これからの久米官衙遺跡群

史跡指定地の活用に向けて

一九七九年に来住廃寺周辺が国の史跡に指定されて以降、指定地の公有化は国の積極的な後押しもあって順調に進められてきた。一方で、取得ずみ用地における活用をいかに図るかという問題に直面している。宅地化が進行したうえに、遺跡が広範囲におよぶことに加えて、拡幅工事を終えていない昔からの細い道路によって指定地がこまかく分断されているなどの理由から、一体的に活用するには非常に不向きな状況に置かれている。部分的な活用も検討されたが、現実的でない箇所が多い。

このような事態を打開すべく、地元有識者に専門家を加えた整備検討委員会が組織され、地元の人びとの要望を聞きつつ研究が進められてきたが、都市計画自体の抜本的な見直しを前提とすることから、今後は行政側の積極的な対応が望まれているところである。発掘調査が一息ついた現在、指定地の本格的な活用に向けてのとり組みの強化が急務である。

地元の人びとによる努力

一九九六年ころから地元久米地区の人びとの間で、久米官衙遺跡群を顕彰しようという動きが活発になり、久米公民館による勉強会がたびたび開催されるなどしている。また、毎年一一月三日に久米小学校で開催される久米地区の文化祭の一部として、古代の衣装などを復元して斉明天皇一行の伊予行幸の模様を再現する仮装行列が実施されるようになったのもこのころである。その後、この仮装行列を中心とした行事は、久米地区の夏祭り「来住廃寺祭り」（図50）として史跡指定地が会場となり、毎年八月に二〇〇〇人近い大勢の市民が参加する盛大な祭りとなっている。この祭りには、公民館や自治会、学校関係者にとどまらず、市民の有志による顕彰団体である「久米はいじの会」もコーナーを設置している。

このような地元の人びとの継続的な努力の結果、遺跡群の重要性は徐々に市民の間でも認識されるようになった。これに一役かったのが、地元在住の作業員さんたちであった。現在では、市民から広く採用されているが、調査件数が多かった時期には、地元の人びとを中心とするグループが半ば専従に近い形で、年間を通じて発掘調査にあたっていた。地元のさまざまな事情に通じた彼らの助力があって、二〇年以上におよぶ継続的な調査が、大きなトラブルもなくつづけてこられたのである。退職後の第二の人生の場として働いてくれた人、農作業と

図 50 ● **来住廃寺祭り**
古代の装束は地元婦人部による手作りである。

孫たちの世話をしながら現場作業をつづけてくれた人など、さまざまな立場の人びととの技術と知恵によって、久米官衙遺跡群の今日の調査成果があるといっても過言ではない。この場を借りて、関係各位に謝意を表したい。

「市民向けのわかりやすい解説書やパンフレットがほしい」という要望が寄せられてきたものの、発掘調査報告書の刊行もままならない時期が長くつづいたが、本書の刊行が、お世話になった地元の方々の願いにいくらかでも応えるものとなれば幸いである。

主な参考文献

新井　宏　一九九二『まぼろしの古代尺―高麗尺はなかった―』吉川弘文館
小笠原好彦編　一九七九『来住廃寺』松山市文化財調査報告書一二　松山市教育委員会・松山市文化財協会
亀田修一　一九九四「地方への瓦の伝播―伊予の場合―」『古代』第九七号　早稲田大学考古学会
条里制・古代都市研究会編　二〇〇九『日本古代の郡衙遺跡』雄山閣
橋本雄一　二〇〇八「久米官衙遺跡群（愛媛県松山市）における造営尺の検討」『条里制・古代都市研究』第二三号　条里制・古代都市研究会
日野尚志　二〇〇九「松山平野における五郡境について」『久米高畑遺跡』一次・七次調査　政庁の発掘調査二　松山市文化財調査報告書一三六　松山市教育委員会・財団法人松山市生涯学習振興財団埋蔵文化財センター
松原弘宣　一九九〇「伊予国久米評の成立と回廊状遺構」『日本歴史』五月号　吉川弘文館
松原弘宣　一九九二『熟田津と古代伊予国』創風社出版
松原弘宣　一九九四「松山市来住台地上における七世紀代の官衙関連遺構について」『条里制研究』第一〇号
松原弘宣　一九九七「回廊状遺構再論」『愛媛大学法文学部論集　人文学科編』第二号
山中敏史　二〇〇一「評制の成立過程と領域区分―評衙の構造と評支配域に関する試論―」『考古学の学際的研究』濱田青陵賞受賞者記念論文集Ⅰ

久米官衙遺跡群

・愛媛県松山市来住町・南久米町
・交通　伊予鉄道横河原線久米駅下車、南へ徒歩約10分。

遺跡は松山市郊外、国道11号線沿いの住宅地にある。調査された地区はすべて埋め戻されているが、政庁や回廊状遺構など主な地点を見学できる。一周約1.5キロ、徒歩約40分。

来住廃寺金堂基壇

松山市考古館

・松山市南斎院町乙67番地6
・電話　089（923）8777
・開館時間　9：00〜17：00（入館は16：30まで）
・休館日　月曜日（祝日・振替休日を除く）、祝日・振替休日の翌日（日曜日を除く）、12月29日〜1月3日
・入館料　100円（高校生以下無料）、特別展は別途料金
・交通　JR松山駅、伊予鉄道松山市駅より伊予鉄バス10番線で丸山バス停下車、徒歩10分。JR松山駅から車で5分。伊予鉄道松山市駅から車で10分。

旧石器時代から奈良・平安時代までの市内で出土した遺物を常設展示。久米官衙遺跡群から出土した遺物も展示されており、見学できる。

松山市考古館

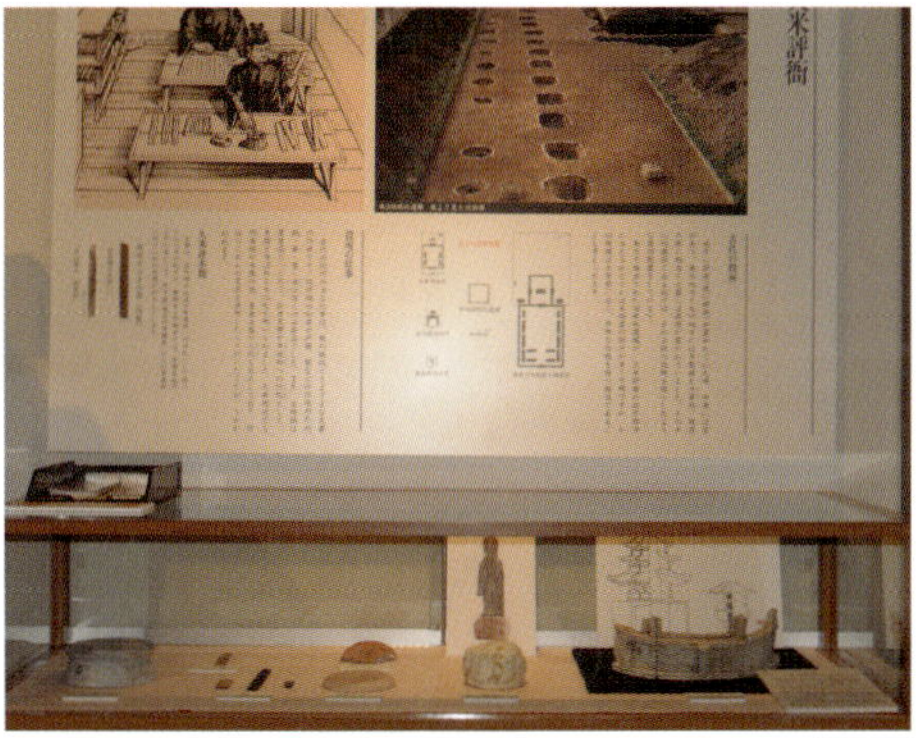
久米官衙遺跡群出土遺物の展示

刊行にあたって

「遺跡には感動がある」。これが本企画のキーワードです。

あらためていうまでもなく、専門の研究者にとっては遺跡の発掘こそ考古学の基礎をなす基本的な手段です。また、はじめて考古学を学ぶ若い学生や一般の人びとにとって「遺跡は教室」です。

日本考古学では、もうかなり長期間にわたって、発掘・発見ブームが続いています。そして、毎年厖大な数の発掘調査報告書が、主として開発のための事前発掘を担当する埋蔵文化財行政機関や地方自治体などによって刊行されています。そこには専門研究者でさえ完全には把握できないほどの情報や記録が満ちあふれています。しかし、その遺跡の発掘によってどんな学問的成果が得られたのか、その遺跡やそこから出た文化財が古い時代の歴史を知るためにいかなる意義をもつのかなどといった点を、莫大な記述・記録の中から読みとることははなはだ困難です。ましてや、考古学に関心をもつ一般の社会人にとっては、刊行部数が少なく、数があっても高価なその報告書を手にすることすら、ほとんど困難といってよい状況です。

いま日本考古学は過多ともいえる資料と情報量の中で、考古学とはどんな学問か、また遺跡の発掘から何を求め、何を明らかにすべきかといった「哲学」と「指針」が必要な時期にいたっていると認識します。

本企画は「遺跡には感動がある」をキーワードとして、発掘の原点から考古学の本質を問い続ける試みとして、日本考古学が存続する限り、永く継続すべき企画と決意しています。いまや、考古学にすべての人びとの感動を引きつけることが、日本考古学の存立基盤を固めるために、欠かせない努力目標の一つです。必ずや研究者のみならず、多くの市民の共感をいただけるものと信じて疑いません。

監　修　戸沢　充則

編集委員　勅使河原彰　小野　昭

小野　正敏　石川日出志

小澤　毅　佐々木憲一

著者紹介

橋本雄一（はしもと・ゆういち）

1969年、愛媛県生まれ。
1992年、岡山大学文学部史学科考古学履修コース卒業。同年、財団法人松山市生涯学習振興財団、現在の公益財団法人松山市文化・スポーツ振興財団にて遺跡の発掘調査に従事する。

写真提供
松山市：図1・4・7・9・15・16・18・19・21〜24・27・30〜37・39〜42・44・45・47下・50・松山市考古館・考古館の展示（写真の大半は財団の大西朋子氏の撮影による）
奈良文化財研究所：図47上（所蔵：法隆寺）

図版出典
図25（四天王寺の瓦拓本）：四天王寺文化財管理室『四天王寺古瓦聚成』1986
図48：奈良文化財研究所『古代の官衙遺跡』Ⅱ遺物遺跡編 2004
上記以外の図（一部改変）：松山市教育委員会ほか『松山市埋蔵文化財調査報告書9』1997（図34）、『松山市文化財調査報告書111』2006（図2復元図・10・14・20・26）、『松山市文化財調査報告書121』2008（図29・33）、『松山市文化財調査報告書135』2009（図8・12・13・43）、『松山市文化財調査報告書136』2009（図5・28）、『久米高畑遺跡』平成18年度国庫補助市内遺跡発掘調査報告書2 2009（図49）、「久米高畑遺跡72次調査」『松山市埋蔵文化財調査年報21』2009（図11）、『松山市文化財調査報告書142』2010（図17）、『松山市文化財調査報告書149』2011（図2・25・38）

上記以外は著者

シリーズ「遺跡を学ぶ」084
斉明《さいめい》天皇の石湯行宮《いわゆのかりみや》か・久米官衙《くめかんが》遺跡群

2012年9月15日　第1版第1刷発行

著　者＝橋本雄一

発行者＝株式会社 新 泉 社
東京都文京区本郷2-5-12
振替・00170-4-160936番　TEL03(3815)1662／FAX03(3815)1422
印刷／萩原印刷　製本／榎本製本

ISBN978-4-7877-1234-9　C1021

シリーズ「遺跡を学ぶ」

A5判／96頁／定価各1500円＋税

第Ⅰ期（全31冊完結・セット函入46500円＋税）

01 北辺の海の民・モヨロ貝塚　米村衛
02 天下布武の城・安土城　木戸雅寿
03 古墳時代の地域社会復元・三ツ寺Ⅰ遺跡　若狭徹
04 原始集落を掘る・尖石遺跡　勅使河原彰
05 世界をリードした磁器窯・肥前窯　大橋康二
06 五千年におよぶムラ・平出遺跡　小林康男
07 豊饒の海の縄文文化・曽畑貝塚　木﨑康弘
08 未盗掘石室の発見・雪野山古墳　佐々木憲一
09 氷河期を生き抜いた狩人・矢出川遺跡　堤隆
10 描かれた黄泉の世界・王塚古墳　柳沢一男
11 江戸のミクロコスモス・加賀藩江戸屋敷　追川吉生
12 北の黒曜石の道・白滝遺跡群　木村英明
13 古代祭祀とシルクロードの終着地・沖ノ島　弓場紀知
14 黒潮を渡った黒曜石・見高段間遺跡　池谷信之
15 縄文のイエとムラの風景・御所野遺跡　高田和徳
16 鉄剣銘一一五文字の謎に迫る・埼玉古墳群　高橋一夫
17 石にこめた縄文人の祈り・大湯環状列石　秋元信夫
18 土器製塩の島・喜兵衛島製塩遺跡と古墳　近藤義郎
19 縄文の社会構造をのぞく・姥山貝塚　堀越正行
20 大仏造立の都・紫香楽宮　小笠原好彦
21 律令国家の対蝦夷政策・相馬の製鉄遺跡群　飯村均
22 筑紫政権からヤマト政権へ・豊前石塚山古墳　長嶺正秀
23 弥生実年代と都市論のゆくえ・池上曽根遺跡　秋山浩三
24 最古の王墓・吉武高木遺跡　常松幹雄
25 石槍革命・八風山遺跡群　須藤隆司
26 大和葛城の大古墳群・馬見古墳群　河上邦彦
27 南九州に栄えた縄文文化・上野原遺跡　新東晃一
28 泉北丘陵に広がる須恵器窯・陶邑遺跡群　中村浩
29 東北古墳研究の原点・会津大塚山古墳　辻秀人
30 赤城山麓の三万年前のムラ・下触牛伏遺跡　小菅将夫
別01 黒耀石の原産地を探る・鷹山遺跡群　黒耀石体験ミュージアム

第Ⅱ期（全20冊完結・セット函入30000円＋税）

31 日本考古学の原点・大森貝塚　加藤緑
32 斑鳩に眠る二人の貴公子・藤ノ木古墳　前園実知雄
33 聖なる水の祀りと古代王権・天白磐座遺跡　辰巳和弘
34 吉備の弥生大首長墓・楯築弥生墳丘墓　福本明
35 最初の巨大古墳・箸墓古墳　清水眞一
36 中国山地の縄文文化・帝釈峡遺跡群　河瀬正利
37 縄文文化の起源をさぐる・小瀬ヶ沢・室谷洞窟　小熊博史
38 世界航路へ誘う港市・長崎・平戸　川口洋平
39 武田軍団を支えた甲州金・湯之奥金山　谷口一夫
40 中世瀬戸内の港町・草戸千軒町遺跡　鈴木康之
41 松島湾の縄文カレンダー・里浜貝塚　会田容弘
42 地域考古学の原点・月の輪古墳　近藤義郎・中村常定
43 天下統一の城・大坂城　中村博司
44 東山道の峠の祭祀・神坂峠遺跡　市澤英利
45 霞ヶ浦の縄文景観・陸平貝塚　中村哲也
46 律令体制を支えた地方官衙・弥勒寺遺跡群　田中弘志
47 戦争遺跡の発掘・陸軍前橋飛行場　菊池実
48 最古の農村・板付遺跡　山崎純男
49 ヤマトの王墓・桜井茶臼山古墳・メスリ山古墳　千賀久
50 「弥生時代」の発見・弥生町遺跡　石川日出志

第Ⅲ期（全26冊完結・セット函入39000円＋税）

51 邪馬台国の候補地・纒向遺跡　石野博信
52 鎮護国家の大伽藍・武蔵国分寺　福田信夫
53 古代出雲の原像をさぐる・加茂岩倉遺跡　田中義昭
54 縄文人を描いた土器・和台遺跡　新井達哉
55 古墳時代のシンボル・仁徳陵古墳　一瀬和夫
56 大友宗麟の戦国都市・豊後府内　玉永光洋・坂本嘉弘
57 東京下町に眠る戦国の城・葛西城　谷口榮
58 伊勢神宮に仕える皇女・斎宮跡　駒田利治
59 武蔵野に残る旧石器人の足跡・砂川遺跡　野口淳
60 南国土佐から問う弥生時代像・田村遺跡　出原恵三
61 中世日本最大の貿易都市・博多遺跡群　大庭康時
62 縄文の漆の里・下宅部遺跡　千葉敏朗
63 東国大豪族の威勢・大室古墳群〔群馬〕　前原豊
64 新しい旧石器研究の出発点・野川遺跡　小田静夫
65 旧石器人の遊動と植民・恩原遺跡群　稲田孝司
66 古代東北統治の拠点・多賀城　進藤秋輝
67 藤原仲麻呂がつくった壮麗な国庁・近江国府　平井美典
68 列島始原の人類に迫る熊本の石器・沈目遺跡　木﨑康弘
69 奈良時代からつづく信濃の村・吉田川西遺跡　原明芳
70 縄紋文化のはじまり・上黒岩岩陰遺跡　小林謙一
71 国宝土偶「縄文ビーナス」の誕生・棚畑遺跡　鵜飼幸雄
72 鎌倉幕府草創の地・伊豆韮山の中世遺跡群　池谷初恵
73 東日本最大級の埴輪工房・生出塚埴輪窯　高田大輔
74 北の縄文人の祭儀場・キウス周堤墓群　大谷敏三
75 浅間山大噴火の爪痕・天明三年浅間災害遺跡　関俊明
別02 ビジュアル版 旧石器時代ガイドブック　堤隆

第Ⅳ期　好評刊行中

76 遠の朝廷・大宰府　杉原敏之
77 よみがえる大王墓・今城塚古墳　森田克行
78 信州の縄文早期の世界・栃原岩陰遺跡　藤森英二
79 葛城の王都・南郷遺跡群　坂靖・青柳泰介
80 房総の縄文大貝塚・西広貝塚　忍澤成視
81 前期古墳解明への道標・紫金山古墳　阪口英毅
82 古代東国仏教の中心寺院・下野薬師寺　須田勉
83 北の縄文鉱山・上岩川遺跡群　吉川耕太郎
84 斉明天皇の石湯行宮か・久米官衙遺跡群　橋本雄一